EL PODER
TRANSFORMADOR

Cuán hermoso es saber el buen camino

JOSÉ VALIENTE

Para otros materiales, visítanos en:
EditorialGuipil.com

© 2018 por José Valiente
Todos los derechos reservados

Publicado por **Güipil Press**
Miami, FL. - Roanoke, VA. Estados Unidos de América

Reservados todos los derechos. Ninguna porción ni parte de esta obra se puede reproducir, ni guardar en un sistema de almacenamiento de información, ni transmitir en ninguna forma por ningún medio (electrónico, mecánico, de fotocopiado, grabación, etc.) sin el permiso previo de los editores, excepto para breves citas y reseñas.

Esta publicación contiene las opiniones e ideas de su autor. Su objetivo es proporcionar material informativo y útil sobre los temas tratados en la publicación. Se vende con el entendimiento de que el autor y el editor no están involucrados en la prestación de servicios financieros, de salud o cualquier otro tipo de servicios personales y profesionales en el libro. El lector debe consultar a su consejero personal u otro profesional competente antes de adoptar cualquiera de las sugerencias de este libro o extraer deducciones de ella. El autor y el editor expresamente niegan toda responsabilidad por cualquier efecto, pérdida o riesgo, personal o de otro tipo, que se incurre como consecuencia, directa o indirectamente, del uso y aplicación de cualquiera de los contenidos de este libro.

En este libro hay citas y frases de las cuales a ciencia cierta su origen y los derechos pertenecen a sus propios autores. Le doy gracias a Dios por las personas y recursos que Él ha colocado en mi camino a mi propia transformación. He estado en entrenamientos, cursos, he leído otros libros y de todos he tomado acción para mi propia transformación. La clave ha sido leer, discernir la verdad, y colocarla en práctica. Agradezco a Dios por traer todos estos aportes a mi vida que le dan cumplimiento a este libro. José Valiente

Versículos bíblicos indicados con RVR1960 han sido tomados de la Santa Biblia, versión Reina Valera 1960. ©1960 Sociedades Bíblicas en América Latina.
Versículos bíblicos indicados con NTV han sido tomado de la Santa Biblia, Nueva Traducción Viviente, © Tyndale House Foundation 2008, 2009, 2010. Usado con permiso de Tyndale House Publishers, Inc., 351 Executive Dr., Carol Stream, IL 60188, Estados Unidos de América. Todos los derechos reservados.

Editorial Güipil

Editorial Güipil primera edición 2018
www.EditorialGuipil.com

Editora en Jefe: Rebeca Segebre
Diseño: Victor Aparicio / Vive360Media.com
ISBN-13: 978-0-9992367-8-9

Categoría: Crecimiento personal / Autoayuda / Vida práctica / Inspiración
Category: Personal Growth / Self-Help / Practical Living / Inspiration

Dedicatoria

A mis padres, José y Ángela, que con amor, dedicación y ejemplo me enseñaron a actuar con rectitud, moral, respeto y el deseo de servir a otros.

El poder transformador

Agradecimientos

Agradezco a Dios por haber puesto dentro de mí el deseo e inspiración para escribir este libro, así como para alinear personas que han dado su aporte y su tiempo para que este proyecto se haga realidad; en especial Rebeca Segebre y su esposo Víctor de Güipil Press, así como al pastor Bernardo Rivera.

Contenido

Dedicatoria
Agradecimientos
Introducción 09

PARTE UNO
El poder transformador

1. ¿Por dónde empezar? 13
2. ¿Qué es el poder transformador? 17
3. ¿Cómo obtenerlo? 19
4. ¿Cómo sabemos que ya está presente en nuestras vidas? 25
5. ¿Cómo dejarlo actuar? 29
6. ¿Cómo alimentarlo y fortalecerlo? 33

PARTE DOS
Transformando nuestra conducta

7. Depresión 43
8. Ansiedad 77
9. La ira 107

Epílogo 141
Acerca de la autor 145

Introducción

En este libro podrán encontrar sugerencias aquellos que tienen la intención de ser mejores personas en todos los aspectos de su vida. Hay leyes espirituales simples que, al conocerlas y aplicarlas, pueden transformar tu vida para bien en todos los aspectos. Este libro puede ser para tí la introducción a esa transformación o quizá sea la continuidad que necesitas.

El objetivo de este libro no es introducir a nadie a una religión o establecer ritos, mitos o autosugestión; es solo dar sugerencias y conceptos prácticos para aplicar un estilo de vida diferente que nos permita ir siendo mejores cada día viviendo una vida con más gozo, obteniendo más sabiduría y prosperidad, no solo económicamente, sino también espiritual, donde podamos estar a bien con los demás y sentir también paz interior.

¿Para quién es este libro?

El solo hecho que estés leyendo este libro me dice que dentro de ti hay ese sentimiento, que buscas mejorar aspectos de tu vida con los cuales no estás totalmente conforme. Aquí podrás encontrar sugerencias de cómo lograrlo, podrás ver cómo ir dando pequeños pasos que irán transformando tu vida un día a la vez.

Se ha dicho muchas veces y con razón que la primera vez que leemos un libro solo podemos repasar o ver cosas que ya sabíamos o practicamos, la segunda vez que lo leemos es como si lo leyéramos por primera vez y encontramos algunas cosas nuevas, y la tercera vez es cuando en verdad recogemos algunas enseñanzas.

Así que te sugeriría leerlo al menos tres veces. En cada lectura que encuentres algo que puedas aplicar a tu vida, haz una parada, medita por unos momentos, establece metas de cómo y cuándo vas a lograrlo y verás que un paso a la vez irá actuando en ti ese poder transformador que no te dejará jamás.

José Valiente, tu amigo.

PARTE I

El poder transformador

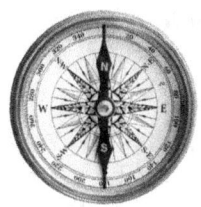

Capítulo 1
¿POR DÓNDE EMPEZAR?

Comenzar una obra, tarea o negocio es muchas veces el paso más difícil. En la construcción de una casa debemos primero preparar el terreno, la casa se debe construir sobre un terreno firme y hay ciertas reglas y procedimientos que no se pueden violar en la preparación inicial. Después que tenemos el terreno preparado, podemos escoger acorde a nuestro gusto, necesidades o estilo de vida, el modelo de la casa, los materiales a usar, tamaño, etc. Todos estos pasos se van a adaptar a lo que cada persona quiera o pueda hacer.

La importancia de la base

Lo mismo sucede en el proceso de cultivo de la tierra, ésta necesita cierta preparación de acuerdo al tipo de producto a sembrar; además, no todas las tierras tienen la fertilidad necesaria para producir buenos frutos o cultivos. He notado que el mismo producto o semilla sembrado en tierras diferentes producen diferentes resultados en gusto, tamaño, calidad, etc.

Un ejemplo palpable lo podemos ver en las frutas: si comemos un mango de la misma especie cultivado en el Caribe no sabe igual si se cultiva en Norteamérica (nuestro paladar puede dar testimonio de ello); también el contenido en vitaminas y minerales para el cuerpo no actúa de forma igual para nativos de la tierra donde se cosechó el fruto. Es por esto que te quiero sugerir algunas consideraciones iniciales referentes a la transformación personal.

Miremos por ejemplo cuán diferente es caminar por un terreno fangoso a un terreno sólido:

- ¿Cuánta distancia podemos avanzar en uno y en el otro?
- ¿Cuánto esfuerzo necesitamos poner?
- ¿Cuánto tiempo nos toma llegar?

Es de entender que cuando escogemos andar por el camino sólido podemos avanzar mayor distancia, necesitamos poner menor esfuerzo, el tiempo que nos toma en llegar es menor.

Si construimos nuestra casa en un terreno firme, será duradera, no se derrumbará con pequeñas tormentas. Si sembramos en una tierra fértil los frutos que recogemos van a ser abundantes, van a tener un mejor sabor, el contenido de vitaminas y minerales nos dará una vida más saludable y de mayor gusto y satisfacción.

La mayoría de nosotros estamos familiarizados con estos principios citados anteriormente y los traigo a colación para recordar cuán importante son las bases que formamos en la vida, el tipo de camino que escogemos andar o cuán fértiles esos terrenos son para recoger los frutos en su momento.

Nuestros modelos de héroes
Cuando somos pequeños, casi siempre, de una forma u otra, tratamos de imitar a nuestros padres. Al ir creciendo descubrimos aspectos, conductas o conceptos que no van con nuestra personalidad o simplemente pensamos ellos tienen conceptos equivocados, entonces comienza una búsqueda de cómo hacerlo mejor; esto puede ser intentando por métodos propios, poniendo la mirada en un artista, deportista famoso o simplemente en amistades, familia o la persona que amamos.

Otros buscan en libros, casetes o internet, y todos estos métodos son complementarios y útiles, solo que no deben constituir la base donde debe nacer <<el poder transformador>>.

Desvíos en el camino
A través de la vida he visto personas en extremo bondadosas y sacrificadas por los demás que llevan una vida miserable porque han descuidado otros aspectos de su vida.

Ellos tratan de ser buenos a su manera, sólo que no tienen la guía correcta.

Cuidado con la base
Para obtener este estilo de vida debemos partir de una base. Así como construimos una casa debemos tener bases firmes, es imperativo establecer esta base para sacar lo mejor de la vida. La base a establecer es espiritual. Ella nos llevará a toda verdad, nos puede acompañar a donde vamos, nos corrige y regaña cuando nos equivocamos o nos salimos del camino correcto, nos estimula y consuela en momentos difíciles, nos da las guías y las fuerzas para vencer y vivir una vida mejor.

Para el beneficio de muchos que leen estas letras quiero dejar claro que establecer dentro de ti <<el poder transformador>> es la parte más importante para que en verdad haya una guía en nuestras vidas. A lo largo de este libro encontrarás consejos prácticos de cómo ser mejor y alguno de ellos podrás aplicarlo a tu vida, mas sin el poder transformador como base, no llegarás muy lejos; será un detalle más en tu andar, nunca podrás llenar el vacío espiritual y la prosperidad o mejoría que obtendrás no serán duraderas.

Ejercicios

En este capítulo nos preguntamos:

¿Por dónde empezar?

Hemos sugerido que el mejor comienzo a la verdadera transformación se efectúa estableciendo dentro de ti <<el poder transformador>>.

Mira tu vida y pregúntate:

¿Tienes una visión clara de la transformación que quieres ver en tu vida? ¿Existen algunas cosas que deseas cambiar?

¿Quiénes fueron los héroes de tu infancia y cómo esto ha influenciado tu vida?

¿Cuál es la condición del "terreno" de tu corazón?

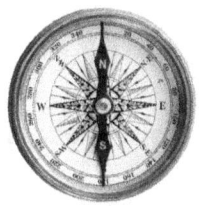

Capítulo 2

¿QUÉ ES EL PODER TRANSFORMADOR?

Dijimos en el principio que en este libro no se pretende establecer una religión o dogma, sino un estilo de vida donde las personas sientan libertad en lo que hacen, que haya placer en hacer lo bueno y que tengan una guía y sepan en realidad cómo hacerlo, cómo ponerlo en práctica en una forma donde puedan tener una vida balanceada en todos los aspectos y que los cambios que ocurran sean duraderos.

Disponible para todos

Lo que llamamos aquí <<el poder transformador>> no es algo que puedas tocar o ver, más que eso, es algo que puedes sentir, es algo que es para todos los que quieran tenerlo sin excepción de personas. Todos podemos beneficiarnos y recibirlo sin importar el país de origen, raza, religión, color de la piel o edad, es algo que, **cuando lo recibimos dentro de nosotros, jamás podemos ser los mismos. Es como nacer de nuevo.**

Muchos son los que lo buscan y pocos son los que lo encuentran, a pesar de que está disponible para todos, es tan sencillo hacerlo parte de ti, que a veces se hace difícil de creer que algo tan valioso e importante sea gratis, fácil de obtener, disponible en todo momento y que esté al alcance de todos. Creo es por eso que muchos pierden la oportunidad de obtenerlo buscando caminos más complicados.

La ayuda precisa

Lo que llamamos aquí <<el poder transformador>>, dicho con todo respeto y sencillez, no es más que el poder de Dios viviendo dentro de nosotros, que nos guía, da sabiduría, consuelo y fortaleza.

Que cuando le consultamos con fe y nos dejamos guiar por lo que nos dice, nos libra de problemas y nos lleva por caminos de victoria.

Más adelante te explicaré cómo obtenerlo, cuáles son los requisitos para hacerlo parte de ti y usaré ejemplos de lo que puede hacer cuando vive en nosotros.

Prepara tu mente y corazón para que puedas recibirlo porque depende de ti y solo de ti que lo puedas hacer una realidad en tu vida.

Ejercicios
En este capítulo nos preguntamos:

¿Qué es el poder transformador?

Es el poder de Dios viviendo en nosotros.

Mira tu vida y pregúntate:

¿Puedes creer que el poder divino está disponible para ti?

¿Sientes algún vacío en tu vida que aún no se ha llenado?

Observando a tu vida hoy, ¿para qué necesitas el poder de Dios con urgencia en tu vida?

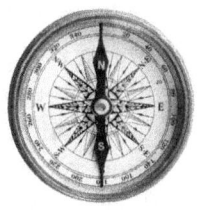

Capítulo 3
¿CÓMO OBTENERLO?

Muchas de las cosas que obtenemos en la vida las logramos con gran sacrificio y esfuerzo. Por ejemplo, si queremos comprar una casa debemos, muchas veces, trabajar duro, dejar de hacer ciertas cosas que nos gustan para ahorrar el dinero para la cuota inicial o pagarla completa según sea nuestra meta y cuánta satisfacción sentimos cuando tenemos la libertad de ponerla a nuestro gusto, hacerle los arreglos que queramos, pintarla del color que queremos sin tener que consultar con nadie.

Cuando escogemos estudiar una carrera universitaria, para poder pasar los exámenes y graduarnos, hay que pasar mucho tiempo estudiando; a veces nuestros amigos y familiares van de fiesta y nosotros tenemos que quedarnos estudiando solos y aburridos sin tener muchas ganas de hacerlo. Al graduarnos vemos en la mayoría de las ocasiones el fruto de nuestro esfuerzo, podemos trabajar en algo que nos gusta, nos sentimos bien y ganamos más dinero, podemos viajar hacer actividades que otros no pueden porque no hicieron el sacrificio de estudiar cuando podían hacerlo.

La trampa del sacrificio

Los ejemplos anteriormente mencionados enseñan que para lograr algo en la vida tenemos que hacer ciertos sacrificios para lograr obtener lo que queramos o para pasar a un estado mejor en nuestra vida material y creo hay mucha lógica en ello. Esta similitud ha sido usada por muchas religiones que profesan que hay que hacer sacrificios a <<dioses>>, ya sea matando animales, personas, a veces imponiendo leyes o reglas que son prácticamente imposibles de cumplir para poder obtener después una mejor vida o vivir aquí una vida más abundante materialmente.

Muchas personas caen fácilmente en esa trampa pensando obtener un beneficio. Ellas comparan estos sacrificios que tienen que hacer con el mismo que hicieron al comprar una casa, estudiar para graduarse de la universidad o cualquier otro esfuerzo que se hace en la vida.

En otras palabras, se les hace más fácil creer que estos esfuerzos producirán cosas buenas **porque así es como humanamente se logran las cosas;** así caen muchos confundidos buscando caminos para ser mejores a través de reglas inventadas por hombres para sus propósitos y los esconden dentro de una religión que esclaviza a las personas a hacer y actuar según sus propósitos.

La trampa de las reglas

Algunas de estas religiones tienen reglas que, en cierto grado, hacen que la persona que la practica haga obras de bien; solo que logran estas reglas con cargas sobre los hombros de quienes las practican, que les roban la paz y felicidad en sus vidas. Otras van más lejos, sacrificando personas en el nombre de Dios.

Hay otro grupo de personas que, en la búsqueda de ser mejores, tienen sus propias reglas y medidas o simplemente siguen las costumbres de sus padres o reglas de la sociedad donde viven.

Ellos piensan que son buenos porque cumplen con estas reglas o costumbres y si ellos quieren mejorar este estado miran hacia ídolos humanos (cantantes, políticos, deportistas, etc.) tratando de copiar su forma, estilo de vida y conceptos. En muchas ocasiones, estos ídolos caen haciendo cosas indebidas y terminan defraudando la imagen de sus seguidores y dejando a estas personas que lo siguen totalmente desconcertados y vacíos porque ya no hay dirección a donde mirar.

La trampa del ego

Hay un tercer grupo que es una mezcla de los dos anteriores. Tienen una religión, ídolos y conceptos propios que son su guía. Un día van a la iglesia, culto o templo (o como lo llamen) y otro día practican sus propias reglas o las adquiridas en seminarios, TV, internet, etc.

- Confían en su propia prudencia.
- Cambian según las circunstancias. Están hoy haciendo grandes obras de caridad y amor, mas mañana cometen las peores atrocidades.
- Cambian según sus emociones. De acuerdo a como se levantan y se sienten, así deciden cómo proceder.
- Sus vidas están llenas de lo que han recogido en el camino y les pesa el saco que cargan en las espaldas de cosas por hacer, resentimientos o deseos no cumplidos.

El común denominador

Hay un factor común en todos estos grupos: les falta una guía correcta que los lleve por el camino de bienestar, que los haga mejores personas, que les dé satisfacción, paz interior, que no los esclavice a hacer cosas que no quieren hacer o a llevar cargas que no pueden soportar, y sobre todas las cosas, que los cambios para bien que se produzcan no tengan marcha atrás o que no añadan tristeza en la persona que los experimenta.

La simplicidad de ser libres

El mayor reto de este plan estriba en su sencillez, en la forma simple de implementarlo y es por eso que muchos se pierden la bendición al no creerlo. Los seres humanos queremos encontrarle lógica a todo. Pregúntate por un momento, haz una pausa y piensa en estas preguntas antes de seguir adelante:

- ¿Qué lógica tiene el amor?
- ¿Qué lógica tiene que la tierra esté rotando a alta velocidad sin un eje que la sostenga y tú ni siquiera lo sientas?
- ¿Cómo es posible que un espermatozoide que se puede ver microscópicamente contenga tanta información genética en la vida que va a producir?
- ¿Cuándo el mar brotó de la tierra? ¿Quién le puso compuertas para detenerlo?
- ¿Alguna vez en tu vida has dado órdenes para que salga la aurora y amanezca el día?
- ¿Has visitado donde se guardan los depósitos de nieve y granizos?
- ¿Tiene lógica para ti que un gusano que se arrastra pueda convertirse en una hermosa mariposa y volar?

Si algo te vas a llevar de este libro, simplemente pon esto en tu corazón:

No busques lógica a las cosas de Dios, solo acéptalas, ponlas en práctica, vívelas y disfruta de sus beneficios.

El plan de Dios

Para obtener el poder transformador en tu vida solo tienes que seguir el plan de Dios, creer en su Palabra y Él se encargará del resto.

El plan de Dios es bien sencillo y hay varios pasos en Él, como te muestro a continuación:

Primero: Debemos arrepentirnos de nuestros pecados.

- Todo lo que no agrade a Dios constituye pecado, puede ser el crimen más terrible o una mentira, desobediencia, pensamientos de maldad, injusticia, entre otras cosas.

- Todos nosotros pecamos constantemente y el pecado nos separa de Dios porque Él es santo. Por tanto, para poder recibir a Dios en nuestras vidas, debemos arrepentirnos de nuestros pecados.

Segundo: Debemos aceptar a Jesucristo como nuestro único y suficiente Salvador, esto quiere decir que:

- Confiamos en Dios, no en nuestras propias fuerzas y decisiones en la vida.
- Vamos a depender de sus enseñanzas para andar en el camino correcto.
- Vamos a seguir sus pasos como una guía para que en todo lo que hagamos nos vaya bien.

Si en una forma sincera nos arrepentimos de nuestros pecados y por fe aceptamos a Cristo como nuestro Salvador y Señor, entonces el Espíritu Santo de Dios (el poder transformador) entrará en nuestras vidas y Él será la guía para ser una mejor persona en todas las esferas de nuestra vida.

Ejercicios
En este capítulo nos preguntamos:

¿Cómo obtener el poder transformador?

La respuesta es simple:

- Por fe.

- Arrepintiéndote de tus pecados y aceptando a Jesucristo como tu Salvador y Señor.

Mira tu vida y pregúntate:

¿Puedes creer en lo simplicidad del plan de Dios?

¿Existe algo que te detenga para aceptar la libertad que te ofrece el poder transformador de Dios?

Observando tu vida hoy, ¿deseas obtener el poder transformador?

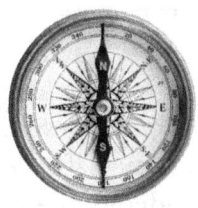

Capítulo 4

¿CÓMO SABEMOS QUE YA ESTÁ PRESENTE EN NUESTRAS VIDAS?

Cuando el poder transformador entra a nuestras vidas nunca más podemos ser los mismos. Es una situación difícil de explicar para mí, y para ello trataré de usar algunos ejemplos que quizás te den una idea mejor de cómo detectar que está presente en ti.

Mi experiencia personal

Cuando llegó a mi vida, yo ni siquiera lo había notado, no podía comprender lo que me sucedía, hasta meses más tarde porque no comprendía la forma en que operaba. Solo sabía que en ocasiones no me sentía bien haciendo las cosas que sabía estaban mal hechas. Para poner un ejemplo preciso que recuerdo bien, un día estaba haciendo compras en un supermercado y, como de costumbre, tomé un pedazo de pan para comérmelo mientras hacía las compras, muchas veces cogía cosas y las comía para no pagarlas.

Ese día, cuando comía del pan, una persona que trabajaba en el mercado llamó mi atención y me dijo que no debía hacer eso; en ese momento sentí una pena tan profunda como no recuerdo haber sentido antes en mi vida, fue una consternación total donde mi rostro se transformó y esa consternación duró por días cada vez que venía a mi mente lo que había hecho.

Evidencias de transformación

En otros momentos en mi vida había hecho cosas muchas más malas y en algunas ocasiones fui sorprendido en actos nada buenos, pero nunca me había sentido en esa forma, en realidad yo no comprendía lo que me pasaba, era como si tuviese una voz interior diciéndome que no lo hiciera más.

También empezó dentro de mí el deseo de mejorar aspectos de mi vida, de identificar áreas en las que yo pudiera trabajar para poder agradar a Dios. Por espacio de meses anteriormente a este hecho, había asistido a una iglesia cristiana donde mi hija asistía a un *Daycare* (guardería infantil), iba solo esporádicamente algunos domingos y en ocasiones leía la Biblia; así empecé a oír algunos versículos que tocaban áreas de vida en las cuales debía cambiar y las podía identificar porque el poder transformador de Dios era quien me guiaba a hacerlo.

Acciona por el oír

Las Escrituras nos enseñan que la fe viene por el oír el mensaje en la Palabra de Dios. Si queremos tener una fe que ponga una guía en nuestro interior para ser mejores personas, entonces debemos de asistir a lugares donde esta Palabra sea predicada, debemos buscarla y leerla por nosotros mismos y estar atentos para seguir las instrucciones que el poder transformador puede producir en nosotros.

Ejercicios
En este capítulo nos preguntamos:

¿Cómo sabemos que el poder transformador está presente en nuestra vida?

La respuesta es simple:

Cuando no nos complacemos en hacer lo malo y tratamos de hacer lo bueno a la manera de Dios.

Mira tu vida y pregúntate:

¿Qué evidencias existen en mi vida que el poder transformador está activo en mí?

¿Existe algo que impide que el poder transformador de Dios actúe en mí?

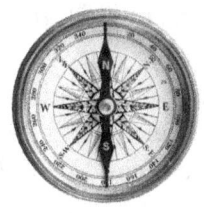

Capítulo 5
¿CÓMO DEJARLO ACTUAR?

Recuerdo la primera vez que usé un GPS (equipo electrónico para orientarse y buscar direcciones), me sentía totalmente inseguro si ese aparato en realidad me llevaría a la dirección que quería ir. Salí de mi casa a la dirección que iba y aunque era un área conocida, vi que el aparato me indicaba otra dirección a donde ir u otro camino diferente de cómo llegar. Esa inseguridad y falta de confianza me hicieron tomar la guía de un rumbo equivocado, al menos en mi percepción.

Poco a poco fui usando más el GPS porque era una herramienta útil para mi trabajo; a medida que lo usaba, ganaba más confianza y encontraba con mayor facilidad las direcciones si me dejaba guiar por el GPS que si lo hacía por mis propios conocimientos.

Un GPS interno

Fíjate la diferencia en este ejemplo usando un aparato electrónico que trabaja de una manera mecánica programada. Primeramente, al usarlo y no tener la confianza suficiente en el equipo no pude obtener los resultados deseados; sin embargo, cuando empecé a adquirir más confianza en el equipo los resultados variaron: llegué más fácil y rápido a mi destino.

En términos que sean fácil de comprender podemos comparar la función que hace un GPS de orientación y guía a la que hace en nuestras vidas el poder transformador de Dios, y como en el ejemplo anterior, la única forma de obtener resultados es confiando en Él y dejarlo que actúe en nuestras vidas.

Como seres humanos en la toma de decisiones, muchas veces en la vida enfrentamos dilemas comunes tales como:

- ¿Qué hacer en esta situación específica?
- ¿Cuál será la mejor forma de solucionar un problema?
- ¿Cómo encaminar un negocio?
- ¿Cuál es la forma correcta de educar a nuestros hijos?

Estas y muchas otras preguntas nos hacemos cada día en la vida, tratamos de encontrar la mejor respuesta en varios lugares:

- Experiencias anteriores en nuestra vida.
- En la educación que nos dieron nuestros padres.
- En lo que aprendimos en la escuela.
- En esta época muchos buscan las respuestas en Google.

La dirección acertada

En realidad, una vez que hemos establecido en nosotros el Espíritu de Dios, esas preguntas deben hacerse en oración dirigidas a Dios y esperar que su Espíritu que está dentro de nosotros nos dé la respuesta adecuada, porque Dios es el único que sabe qué es lo mejor para nuestras vidas en cada momento y lugar.

A través de la práctica es que adquirimos destreza en las cosas que hacemos, eso pasa en el deporte, oficio de trabajo profesional o en cualquier otra actividad que realizamos; casi siempre empezamos haciendo cosas básicas, pequeñas o elementales y después cuando tenemos más destreza y confianza pasamos a niveles más profundos y actividades más complejas, porque esas actividades básicas son las que nos preparan y nos dan la confianza de hacer las más profundas y difíciles.

Comienza con calma

Como sugerencia para que puedas dejar actuar al Espíritu de Dios en ti una vez que lo tengas dentro, comienza con las cosas pequeñas que te permitan preparar el camino para que puedas confiar cuando vienen a nuestra vida problemas o situaciones difíciles. Por ejemplo, puedes pedir su ayuda en estas situaciones: si eres una ama de casa y vas a preparar una comida, a veces no sabes lo que vas a cocinar y que le guste a tu familia entonces, en vez de ponerte a pensar en ese momento, ora a Dios y espera que Él te dé la respuesta a través de su Espíritu. Cuando veas a tu familia comer con tanto gusto la comida que has preparado, darás gracias a Dios por su guía.

Estableciendo confianza

Un ejemplo personal de cómo yo practico este concepto es cuando salgo a manejar. Vivo en una gran ciudad donde hay varias carreteras diferentes que te pueden llevar al mismo destino, en ocasiones hay tráfico interrumpiendo alguna de estas, lo cual yo desconozco al momento de salir, entonces como práctica, hago una oración rápida al Señor para que su Santo Espíritu me guíe a tener la opción donde yo pueda ir más rápido y llegue en el tiempo establecido si esa es su voluntad.

Cuando establecemos la costumbre de consultar todas nuestras cosas diarias con Dios y vemos su mano actuando en nuestras vidas, eso establece una mayor confianza y fe que nos hace descansar y dejarnos guiar por Él cuando vienen las grandes situaciones o pruebas a nuestra vida.

Ejercicios
En este capítulo nos preguntamos

¿Cómo dejarlo actuar?

La respuesta es simple:
Consultando con Dios en todo, empezando por las cosas pequeñas.

Mira tu vida y pregúntate:
¿Qué harás esta semana con la ayuda del poder transformador?

¿Existe algún tema en particular que necesites dirección?

¿Estás dispuesto a pedirle ayuda a Dios de manera que el poder transformador de Dios te guíe?

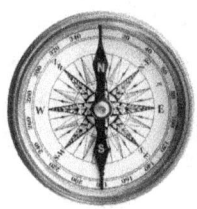

Capítulo 6

¿CÓMO ALIMENTARLO Y FORTALECERLO?

El proceso de crecimiento, ya sea en plantas animales o seres humanos, tiene reglas y procedimientos que debemos seguir. Si queremos alimentar y fortalecer una planta la regamos con agua frecuentemente, le ponemos fertilizantes, cortamos sus ramas malas para darle fortaleza. En los seres humanos el proceso cumple también sus reglas que pasan por diferentes etapas. Cuando el niño nace necesita un cuidado más intenso, una alimentación limitada, debe de estar más cerca de la madre para su alimentación y cuidado; al paso del tiempo se comienzan a incorporar otros alimentos y el cuidado no tiene que ser tan intenso y así sigue transcurriendo el proceso hasta que como adultos somos responsables por hacer ejercicios comer saludable, etc.

Proceso saludable

Hay un proceso similar para fortalecer el poder transformador dentro de nosotros, la Palabra de Dios nos dice que procuremos <<la leche no adúltera>>. Así como en el proceso de crecimiento el niño necesita pasar más tiempo con su mamá, también cuando llega a nosotros el poder transformador debemos de pasar más tiempo leyendo la Palabra de Dios (La Biblia), asistir con toda frecuencia a una iglesia donde podemos oír Palabra que alimente al espíritu que ha nacido en nosotros.

De esto depende el crecimiento saludable y rápido que vamos a tener en la vida, vamos a conocer los parámetros y guías que Dios quiere para nuestras vidas, podemos ver verdaderamente en dónde estamos y poder corregir nuestros caminos con la guía correcta.

Comunicación diaria
Otra manera de alimentar el espíritu es con la oración, a través de la oración tenemos comunicación directa con Dios, ésta nos da el poder de llevar nuestros problemas directamente hacia Él, buscar dirección y depender de sus fuerzas para hacer los cambios que necesitamos en nuestra vida.

Proceso comparativo
La Palabra de Dios nos revela que Él hizo al hombre a su imagen y semejanza, es por eso que los procesos establecidos por Dios para guiarnos o transformar nuestras vidas son similares a los usados para el desarrollo y crecimiento natural de los hombres. Veamos estos procesos comparativamente:

Niño pequeño
La madre necesita cuidarlo con esmero, delicadeza, necesita nutrirlo con alimentos suaves; la madre no lo expone demasiado a áreas fuera del hogar para que el niño no se enferme.

Creyente recién convertido
En un principio necesita estar bien cerca de la iglesia, si es una iglesia verdadera y formada, tendrá clases para personas recién convertidas donde se explique el evangelio, donde se enseñe a orar, y como parte tuya debes de evitar estar en áreas donde puedas caer en vicios y tentaciones.

Niño creciendo

Cuando comenzamos a crecer y ya podemos hablar nos asalta la curiosidad por conocer todo lo nuevo, exploramos y miramos detenidamente cada cosa nueva, hacemos constantemente preguntas a nuestros padres, queremos saber el porqué de todo.

Creyente en crecimiento

Debe de ir a la Biblia, allí encontrará todas las respuestas a preguntas que nuestro Padre Dios quiere darnos, allí podemos satisfacer nuestra curiosidad, aprender cosas nuevas, corregir nuestros caminos torcidos. Ir a estudios en grupos pequeños, de esa forma va aceptando más la verdad de Dios y soltando más de sí mismo.

Niño, corrección y guía

En el proceso de crecimiento muchas veces nuestros padres tienen que corregirnos cosas que hacemos mal, nos educan, guían y enseñan por los caminos mejores por donde andar acorde a sus principios y valores morales.

Creyente, corrección y guía

En esta parte del proceso, el Espíritu que viene a nosotros tiene un papel fundamental porque cuando ya conocemos las reglas de Dios, ellas se quedan grabadas en nuestro corazón, entonces, cuando hacemos algo mal que no está de acuerdo con la voluntad de Dios, el Espíritu mismo nos reprende, nos regaña y corrige acorde a los valores y principios de Dios.

Sobre estos temas de cómo actúa Dios y su similitud con los procesos de la vida podríamos hablar y mencionar ejemplos por mucho tiempo, solo que ese no es el objetivo; el punto que quiero llegue hasta ti es que las reglas de Dios son semejantes a los procesos naturales de orden y crecimiento, una vez que decidas empezar a practicarlos te será fácil entenderlos y seguirlos y vas a ver de forma efectiva sus frutos en tu vida diaria.

Ejercicios
En este capítulo nos preguntamos

¿Cómo alimentarlo y fortalecerlo?

La respuesta es simple:
- Asistiendo a una iglesia.
- Leyendo la Palabra de Dios (la Biblia).
- Orando (acorde a la voluntad de Dios).

Mira tu vida y pregúntate:

¿En qué etapa de crecimiento espiritual te encuentras?

¿Existe algo en particular que decidiste hacer después de leer este capítulo?

¿Cómo te mantienes en comunicación diaria con Dios?

Resumen de la primera parte

1. ¿Por dónde empezar para ser una mejor persona?
Estableciendo dentro de ti <<el poder transformador>>.

2. ¿Qué es <<el poder transformador>>?
Es el poder de Dios viviendo en nosotros.

3. ¿Cómo obtener el poder transformador?
Por fe, arrepintiéndote de tus pecados y aceptando a Jesucristo como tu Salvador y Señor.

4. ¿Cómo sabemos que está presente en nuestras vidas?
Cuando no nos complacemos en hacer lo malo y tratamos de hacer lo bueno a la manera de Dios.

5. ¿Cómo dejarlo actuar?
Consultando con Dios en todo empezando por las cosas pequeñas.

6. ¿Cómo alimentarlo y fortalecerlo?
Asistiendo a una iglesia, leyendo la Palabra de Dios (la Biblia) y orando (acorde a la voluntad de Dios).

De ahora en adelante podrás encontrar muchas sugerencias y consejos prácticos para lidiar con diferentes problemas o situaciones que se nos presentan, muchos de ellos se pueden aplicar a la vida de cualquier persona, pero solo aquellos que en verdad hagan un compromiso de dejar entrar en su vida el poder transformador podrán ver resultados constantes y permanentes en una forma correcta, tendrán una guía para cada etapa y situación en sus vidas.

PARTE II

Transformando nuestra conducta

Aplicación práctica

Una vez que el Espíritu Santo de Dios está dentro de nosotros y lo dejamos actuar sabiendo cómo alimentarlo y fortalecerlo, comienza un proceso de transformación en nuestras vidas. Esto es lo que necesitamos saber al respecto:

- **Para que este proceso tome efecto tiene que haber un compromiso genuino de nuestra parte de cambiar.**

- Este cambio no va a suceder de la noche a la mañana porque Dios es un Dios de procesos.

- Él (Dios) puede hacer y deshacer, solo que Él se complace en los procesos para hacer de nosotros su más alta perfección.

Transformando nuestra conducta

Con la ayuda del poder transformador podremos ir identificando diferentes conductas, pensamientos y actitudes que debemos cambiar; vamos a tener el apoyo de Dios en todo lo que hagamos, desde hacer las cosas de más sentido común, hasta aquellas en las cuales tendremos que hacer solo por fe porque no le vemos la lógica.

Es decir, nuestra conciencia se va fortaleciendo al mismo tiempo que nuestra fe aumenta y eso trae un balance emocional, físico y espiritual. Es por eso que en las áreas que aquí se mencionan encontrarás recomendaciones de sentido común que tú y yo ya conocemos, pero que quizás no haces por no tener la disciplina necesaria o por falta de voluntad y otras en las cuales solo podrás lograr si depositas tu fe en Dios y dejas que el poder transformador habite y actúe en ti.

La ayuda necesaria

En esta segunda parte encontrarás aplicaciones prácticas de cómo mejorar diferentes aspectos de tu vida. Espero que haya algo que puedas sacar y aplicar a tu vida. La pregunta que debes hacerte es:

Estos cambios, ¿los quiero hacer solo o con la ayuda de Dios?

Depende de ti, solo te sugiero que lo hagas con la ayuda de Dios; será más fácil y el triunfo está asegurado, serán cambios que no solo harán raíz en ti sino también en tu familia, la opción es tuya.

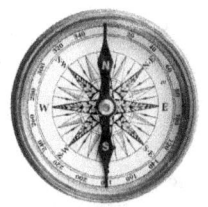

Capítulo 7
DEPRESIÓN
¿Cómo evitarla o salir de ella?

La depresión en la mayoría de los casos se produce a causa de nuestros pensamientos negativos o cuando hay cambios importantes de manera repentina en nuestra vida. En Estados Unidos y alrededor del mundo hay millones de personas que padecen este mal y muchas veces es tratado como una enfermedad. En este momento no quiero hacer un debate acerca de si es una enfermedad o no. Si padeces de este mal o si has tenido momentos que lo has experimentado, prueba estas sugerencias prácticas en tu vida o transmítelas a personas que conoces necesitan ayuda.

La mayoría de las personas asocian la depresión con una sensación de tristeza profunda o pérdida de interés en las actividades cotidianas. La depresión puede significar mucho más, dependiendo de la intensidad de la misma. Las personas que experimentan un estado depresivo, pierden la motivación para hacer las tareas diarias y concentrarse en las decisiones importantes y cotidianas. Esto es como si perdieran la voluntad de hacer las cosas debido a que han perdido el ánimo.

El sabio Salomón, el hombre más sabio y rico de la Tierra, se refirió a lo importante que es recuperar el ánimo para poder vivir vidas plenas.

Él dijo: <<El espíritu humano puede soportar un cuerpo enfermo, ¿pero quién podrá sobrellevar un espíritu destrozado?>> (NTV). Otra manera de decir espíritu destrozado sería <<ánimo angustiado>> (RV1960).

18 Sugerencias prácticas

para recobrar el ánimo, recuperar la buena voluntad hacia tu propia vida y las ganas de vivir

1

Observa la posición de tu cuerpo

En cada estado emocional nuestro cuerpo tiene que realizar un trabajo. Por ejemplo, pregúntate: ¿la persona deprimida hacia dónde dirige la mirada? Casi siempre su mirada está dirigida hacia abajo, sus hombros están inclinados hacia delante, la inclinación de la cabeza es hacia el suelo; en otras palabras, no podemos decir de un momento a otro que estamos deprimidos sin mandarle un mensaje a nuestro cuerpo. El cuerpo tiene que realizar un trabajo para que se produzca el hecho. Por tanto, la primera sugerencia es observar la posición de tu cuerpo, cómo andas en cada momento.

SUGERENCIAS PRÁCTICAS

Si te sientes con poco ánimo o deprimido, inmediatamente de forma consciente cambia la posición de los hombros hacia detrás, pon la mandíbula recta al frente o hacia arriba, mantén la cabeza erguida y sonríe, verás cómo tu estado cambiará inmediatamente.

2

Observa tu respiración

La respiración es algo esencial, a través de la respiración se lleva oxígeno a la sangre, el oxígeno es fundamental para la vida y formación de nuevas células que existen y se reproducen en nuestro cuerpo. La persona deprimida tiene una respiración entrecortada, entonces no hay el suficiente oxígeno que las células necesitan para vivir y reproducirse. Esto afecta todo el cuerpo y la salud.

Cuando respiramos profundamente podemos hacer que llegue más oxígeno a la sangre y con esto mantenemos un nivel mayor de energía y nos mantenemos más saludables.

SUGERENCIAS PRÁCTICAS

a) Observa tu respiración en todo momento.
b) Haz ejercicios respiratorios al menos tres veces al día (inhala el aire por la nariz profundamente) y aguanta la respiración por un tiempo prudencial (exhala el aire suavemente por la boca).
c) Repite este ejercicio por 10 ocasiones al menos tres veces al día.

3

Pon atención a lo que comes

Muchas veces hemos escuchado que somos lo que comemos, hay mucha razón en este dicho. Como todos sabemos, de 55% al 70% de nuestro cuerpo está compuesto por agua, por eso los alimentos que comemos deben de tener un alto contenido de agua; los alimentos con mayor contenido de líquido son las frutas y vegetales. En tu comida regular ¿cuánto por ciento hay de frutas y vegetales u otros alimentos con alto contenido de agua? Si esto es del 15% o menos, prácticamente estás atentando contra ti mismo, estás comiendo alimentos que se van a congestionar tus órganos, robándote la energía y a largo plazo van a causar enfermedades en tu organismo.

Hay alimentos también que nos roban energía, como son los carbohidratos, pan, azúcar o dulces; también debemos evitar las sodas, café, alcohol o drogas. Algunos de estos productos nos hacen cambiar nuestro estado de ánimo de una forma positiva a corto plazo, pero al pasar el tiempo nos hace ir a un estado de menor energía que el anterior; además, nos hace dependiente de algo que está intoxicando nuestro cuerpo.

SUGERENCIAS PRÁCTICAS

Come alimentos naturales con alto contenido de líquido y alimentos que te den energía.

4

Prestar atención a lo que hablamos y oímos

Todos tenemos algún familiar, amigo o compañero de trabajo que conocemos que en su hablar solo encontramos pesimismo, frases de derrota o noticias negativas. ¿De dónde crees que vienen estas actitudes? ¿Es tu conocido o familiar alguien quien pasa su tiempo escuchando noticias? El mundo de hoy está lleno de malas noticias.

En Estados Unidos de América hay muchísimos noticieros diariamente en TV, hay canales de noticias trabajando 24 horas al día, el internet, la radio, los teléfonos celulares, la inmensa mayoría de las noticias que escuchamos son negativas porque son las que hacen impacto en las poblaciones.

Pon atención a estas preguntas:
- ¿Cuánto tiempo pasas escuchando noticias?
- ¿En qué horarios las escuchas?
- ¿Con qué frecuencia las escuchas?

Presta atención a tu respuesta porque podrías pensar que éstas no afectan tu estado de ánimo, mas sí lo hacen; las personas usualmente hablamos lo que escuchamos y cuando hablamos, lo volvemos escuchar. Si lo que oímos es predominantemente negativo, así también será nuestro hablar y nuestra energía se sentirá debilitada.

Esta recomendación no quiere decir que no te mantengas informado de las noticias de este mundo, sólo presta atención a lo que escuchas y por cuánto tiempo lo haces. Evita comenzar el día con noticias negativas porque esto determinará el día que tendrás. Lo mismo, no escuchar noticias antes de dormir porque nuestro subconsciente no duerme y llevarás estas noticias contigo a la cama y la calidad de tu sueño será afectada.

SUGERENCIAS PRÁCTICAS

Cuida lo que escuchas y hablas, cambia tus hábitos y evita las noticias negativas que no necesitas saber.

5

Ejercita tu cuerpo

¿Con qué frecuencia sales a caminar, corres o haces ejercicios de estiramiento?

Hay una ley física que nos dice que un cuerpo en movimiento tiende a seguir en movimiento y un cuerpo en reposo tiende a seguir en reposo. El hacer ejercicios estimula la circulación de la sangre que llega al cerebro, nos mantiene alerta y nos da energía. Si eres una persona mayor al menos puedes hacer ejercicios de estiramiento, esto te mantendrá alerta.

SUGERENCIAS PRÁCTICAS

Haz ejercicio mínimo tres veces a la semana. Haz ejercicios de estiramiento cada dos horas entre dos a cuatro minutos todos los días.

6

Cuida tus pensamientos

De este tema se ha escrito mucho y muchos saben su importancia. Nuestros pensamientos controlan nuestra vida en todos los aspectos. Al final, nuestros pensamientos se convierten en nuestro destino. Te voy a dejar este tema con un pensamiento que he oído y creo lo describe todo, y dice así:

<<El mundo, tal como lo hemos creado, es un proceso de nuestro pensamiento. No puede cambiarse sin cambiar nuestro pensamiento.>> - Albert Einstein

> *"Concéntrense en todo lo que es verdadero, todo lo honorable, todo lo justo, todo lo puro, todo lo bello y todo lo admirable. Piensen en cosas excelentes y dignas de alabanza."*
> Filipenses 4:8 (NTV)

SUGERENCIAS PRÁCTICAS

Piensa en las cosas buenas y alegres, cuando llegue a ti un pensamiento negativo, sustitúyelo por uno positivo.

7
Toma agua con frecuencia

El cuerpo humano para funcionar necesita agua abundante. 55 % a 70 % de éste está compuesto por agua, si ella nos faltara, moriríamos. Lo que nos damos cuenta es que muchas de nosotros no tomamos la cantidad de agua requerida para mantener el cuerpo funcionado a plena capacidad y con energía.

SUGERENCIAS PRÁCTICAS

Toma agua abundantemente, pregunta a tu doctor la cantidad de agua adecuada.

8

Alimenta tu espíritu al despertar

Al despertar cada día, generalmente alimentamos el cuerpo con un buen desayuno para tener energías, cuando sentimos sed, bebemos agua para mantener el cuerpo hidratado; ahora te pregunto: al levantarte en las mañanas ¿cómo alimentas tu espíritu y tu mente? este no se puede fortalecer con alimentos o agua. Al comenzar el día con Dios en la lectura de su Palabra y la oración estamos preparando el espíritu y la mente para cualquier cosa que pueda acontecer durante el día, en otras palabras, nos estamos alimentando espiritual y mentalmente para mantenernos fuertes y activos.

En la Palabra de Dios hay un mensaje de esperanza y aliento, pero no solo esto, también encontramos herramientas conceptos que aplican a cualquier situación en nuestras vidas. Al leer la Palabra de Dios, no debemos de tratar de entenderla con nuestro razonamiento humano, debemos hacerlo a través del Espíritu Santo de Dios, que es quien nos guía a toda verdad.

Dicho en palabras sencillas, nos sirve como un traductor para que podamos entender el mensaje que Dios tiene para nosotros cada día.

SUGERENCIAS PRÁCTICAS

Comienza el día con la lectura de la Biblia.

9

El contacto físico con otras personas

El contacto físico con otras personas, dejarse tocar, dejarse besar, dar un beso un toque de amor, hace que se generen hormonas en nuestro cuerpo que nos hacen sentir mejor, que nos liberan estrés, que nos quitan muchas veces peso de encima y nos dan apoyo en situaciones que necesitamos de esos sentimientos.

Entonces es bueno el roce físico, no solo con nuestra pareja, sino también con los que amamos, un saludo cariñoso con respeto hacia los amigos, tanta frialdad a veces nos hace más vulnerable a enfermedades, depresión, desánimo y baja autoestima. En la iglesia donde asistimos, dentro del culto hay un momento que se saca para los saludos donde nos damos un abrazo entre los hombres y un beso a las mujeres y niños. ¡Qué satisfacción siento cuando ese tiempo termina! Es una sensación indescriptible cuando alguien te saluda con afecto y desea para ti lo mejor y así como también tu para el.

SUGERENCIAS PRÁCTICAS

Ponte la meta de ser más cariñoso de tener interacción física con familiares y amigos. Cuando saludes a un conocido, con respeto, dele un beso o un golpecito en el hombro, da una señal extra de amor, eso ayuda y no hace mal a nadie.

10

Cuida tu autoestima

Dios creó a cada ser humano único, nadie es igual a otro, nadie es superior; todos somos creación de Dios con nuestras virtudes y defectos pero aprobados por Dios. Él tenia un propósito único cuando nos creo sino no hubiésemos nacido.

La autoestima es algo que debemos cuidar con celo. Esta es la base para nunca caer en depresión y fue establecida desde el principio cuando Dios dio los mandamientos, el primer mandamiento es <<Amarás al Señor tu Dios con toda tu alma, tu mente y tu corazón>>, y el segundo mandamiento es <<Amarás a tu prójimo **como a ti mismo**>>.

Dios nos manda que le amemos a Él primero, que le pongamos por prioridad, la segunda prioridad no debe ser tu hijo, tu madre, tu iglesia o tu trabajo. Mira otra vez que dice <<Amarás a tu prójimo **como a ti mismo**>>, en este orden de Dios:

¿Quién es el primero? Dios.
¿Quién es el segundo? Tú.
¿Cuánto amas a Dios?
¿Cuánto te amas?
Examina tus respuestas, date el lugar que Dios te ha dado.

Otro aspecto a tener en cuenta son los estándares que establecemos para nuestra vida.

¿Cuáles son tus estándares? ¿Por dónde te guías para establecerlo? Establecer mínimos estándares en nuestra vida diaria, en nuestra relación con los demás, la forma en que vivimos, nos hace tener una guía para crecer.

Estos estándares deben tener principios y conceptos establecidos, por ejemplo ¿te vistes y te arreglas sólo cuando tienes una salida importante? ¿O lo haces todos los días no importa dónde estés? ¿siempre te esfuerzas por tratar bien a otros o solo en citas de negocios? ¿te das siempre valor a ti mismo o esperas que otros te lo den?

SUGERENCIAS PRÁCTICAS

Te exhorto a que revises tus estándares, que los cuestiones por donde te guías para establecerlos. Tú eres importante delante de Dios, guíate por sus estándares y no por los que el mundo te da, por la educación que recibiste o por lo que hace tu familia.

En el andar con Dios siempre tenemos un espacio para crecer, dice la Palabra que <<La vida del justo es como la luz de la aurora que va en aumento hasta que el día es perfecto>> ¿Lo puedes creer?

11

No hables mal de ti mismo

¿Cuánto te criticas? ¿Cuántas veces te has llamado a ti mismo <<estúpido>> o te has dicho <<yo no sirvo para cientos de cosas>>? Constantemente estamos haciendo una evaluación de nosotros mismos y no hay nada malo en ello, solo que a veces nos minimizamos nosotros mismos con nuestros pensamientos y nuestras palabras. Cuando cometemos un error practicando un deporte o haciendo una tarea nos llamamos nosotros mismos <<estúpidos>>, eso hace que nos sintamos mal, aunque no nos demos cuenta baja nuestra autoestima, y una autoestima baja es una base sólida para la depresión.

Otra forma indirecta de hablar mal de nosotros mismos es poner atención a conceptos preestablecidos por otros o por nosotros mismos a través de nuestra vida y que nosotros hemos elegido creer y, cada vez que pensamos en ellos o hablamos de ellos, le encontramos más fundamento. Por ejemplo ¿cuántas veces has dicho <<no soy bueno para las matemáticas>> o has escuchado <<este es un problema genético>>?

Cada vez que lo piensas y lo hablas, más importancia le das al asunto, más lo crees y menos crees en ti y en lo que Dios ha prometido. En otras palabras, le echas gasolina al fuego.

SUGERENCIAS PRÁCTICAS

Para de una vez de criticarte a ti mismo y empieza a estimular cada mínimo progreso que haces en un área. Eso te hará sentir mejor e irá subiendo tu autoestima y verás que si te respetas a ti mismo, si te estimulas, esto se traducirá en más estima y respeto de los demás hacia ti y tú hacia ellos.

12

Ten metas a lograr en la vida

¿Qué quieres lograr en tu vida?, ¿cuáles son tus sueños?, ¿qué te gustaría tener?, ¿qué quieres para tus hijos?, ¿cómo te gustaría retribuir a tus padres?, ¿cuál va a ser tu aporte a la sociedad donde vives?, ¿qué parte del mundo te gustaría conocer? Estas y muchas otras preguntas pueden ayudarte a salir del hueco donde estás o simplemente a nunca caer en él. Cuando tenemos metas y sueños tenemos una razón para levantarnos de la cama temprano y salir a trabajar, para estudiar, superarnos, en otras palabras, estamos inspirados. **Estar inspirado significa estar en el espíritu**, y estando en el espíritu podemos hacer realidad las cosas materiales y espirituales que queremos para nuestras vidas, si éste es el propósito de Dios.

¿Sabes cuál es el propósito de Dios para tu vida? ¿Sabes cómo detectarlo o descubrirlo? Es muy simple, estate alerta a las cosas que en verdad te dan satisfacción interior hacer. No estoy hablando de simple placer, la satisfacción interior es algo que en verdad llena el espíritu, que te da energía, que lo harías aunque no te pagaran, que no agota aunque se haga continuamente, que se hace con facilidad; si estás alerta a cada cosa que haces y eres sensible al llamado del espíritu, lo podrás detectar.

En otras palabras, presta atención a los temas y actividades que más te entusiasman, los que haces con pasión, hazte la meta de enfocarte más en ellos, ten el valor de emprender una carrera nueva. **Cuando estamos inspirados, nos mantenemos en el espíritu, el espíritu es dado por Dios y en Él no hay desaliento, no hay depresión.**

SUGERENCIAS PRÁCTICAS

Escribe hoy nuevas metas, léelas y chequea tu progreso con regularidad. Presta atención a las cosas que haces con facilidad y las que dan más satisfacción a tu vida, enfócate más en ellas, éstas avivarán tu espíritu y te harán salir de la depresión o evitarla.

13

Procrastinar puede llevar lentamente a la depresión

A todos nos ha pasado que a veces queremos hacer algo y lo vamos dejando y decimos <<mañana lo hago>> o <<el año que viene sí que voy a comprar mi casa>> y esa fecha nunca llega. Sí, es cierto, a todos nos pasa en una medida o la otra, lo malo de esa cuestión es cuando son cosas importantes que sabemos no deben esperar o aun peor cuando esto se convierte en un estilo de vida.

Una forma poderosa de levantar la autoestima es dejar las cosas terminadas en tiempo. Cuando vas dejando acumular las cosas que tienes que hacer o simplemente nunca las haces, sabiendo que debes de hacerlas, crea una pobre imagen de ti mismo. Cuando terminas lo que has empezando o priorizas tareas y las dejas hechas, te sientes mejor contigo mismo; alguien que se siente bien consigo mismo es muy difícil que caiga en depresión.

SUGERENCIAS PRÁCTICAS

Termina lo que has empezado, hazlo en un tiempo límite, no dejes las cosas a media o para mañana porque el mañana no existe y lo que está a medias nunca llega a ser realidad.

14

Si luces bien te sientes bien

¿Alguna vez has tenido oportunidad de pintar una habitación del color que te gusta y adornarla? ¿Alguna vez has lavado tu carro con esmero y lo has dejado nítido por dentro y por fuera? ¿Cómo te has sentido después al entrar en la habitación nuevamente o montarte en el carro limpio y organizado? Al igual que las casas y los carros cambian su imagen y la forma en que lucen para ti y para los demás, así también esto trabaja en las personas.

<<**Si luces bien, te sientes bien.**>> Este es un proverbio popular muy conocido y encierra mucha sabiduría. La imagen que tenemos de nosotros mismos y la que se hacen los demás está directamente proporcional relacionada con la forma en que nos arreglamos: Como nos vestimos, el aseo personal, el arreglo de nuestro cabello. Todo esto le envía un mensaje importante a nuestro cerebro. Además, te has preguntado ¿qué piensas cuando ves alguien mal vestido, sucio y sin arreglarse?, ¿te acercas más a una persona así o prefieres relacionarte con alguien que luce bien? Recuerda, mi hermano, todo se va encadenando. Al estar desarreglado vas a recibir más rechazo y menos personas se van a querer relacionar contigo y esto desencadena una baja autoestima, y de ahí a la depresión hay solo un paso.

SUGERENCIAS PRÁCTICAS

En los momentos que sientas un estado de ánimo bajo, ponte tu mejor vestido o traje, aséate, arréglate de pies a cabeza porque **si luces bien, te sientes bien.**

15

Hacer las cosas por amor a los demás, no mirar solo nuestro propio beneficio

Muchas de las personas que tienen un vicio o una mala actitud ante la vida no se dan cuenta muchas veces del daño que hacen a las personas que los rodean.

Cuando hacemos las cosas para agradarnos a nosotros mismos o tenemos actitudes complacientes para nuestros propios deseos y estado de ánimo, no tenemos las mismas fuerzas para enfrentar la vida y triunfar que cuando lo hacemos para beneficiar o agradar a otra persona. Este sentido de ayuda a otros nos hace sacar fuerzas extras, nos ayuda a encontrar motivación para hacer tareas extraordinarias que no haríamos si tendríamos que hacerla para nosotros. Esta motivación de proteger a otros nos hace perder el miedo y nos anima a hacer cosas extraordinarias.

Un ejemplo de esto lo encontramos en la vida animal en la gallina. Ésta se asusta de lo más mínimo, se le ve corriendo si alguien se le acerca, si siente un ruido se asusta y huye.

En mi país, Cuba, cuando había alguien que era cobarde, lo llamaban <<gallina>>.

Ahora esa misma gallina cuando tenía sus pollitos y alguien se iba a acercar a su nido, se volvía como una fiera temible, ella se engrifaba, y si alguien se atrevía a acerarse, lo atacaba y no se iba del lugar por ningún motivo defendiendo a sus pollitos.

Lo mismo nos pasa a nosotros los seres humanos. En ocasiones estamos faltos de fuerzas y desanimados porque estamos concentrados en el YO, en MÍ, de una manera tan extraordinaria que no miramos el daño que nos hacemos a nosotros mismos y a las demás personas con nuestra actitud.

Mas si cambiamos nuestro enfoque y nos concentramos más en hacer algo bueno para otra persona o institución, o simplemente nos damos cuenta del mal que hacemos, entonces encontramos fuerzas donde no hay, encontramos el valor de seguir hacia delante, de levantarnos de la cama y ponernos a trabajar.

SUGERENCIAS PRÁCTICAS

Busca hacer al menos tres cosas buenas o servicio a otros que ni tan siquiera tu conozcas, no tienes que hacer grandes obras. Por ejemplo, dale paso a alguien en el tráfico que normalmente debía esperar déjalo pasar delante de ti, sujeta la puerta a aquel que viene detrás de ti pero está todavía lejos, regala una flor a una anciana esto te hará sentir útil, mas no esperes que alguien te dé las gracias, hazlo como para Dios y no para los hombres.

16

Hacer un inventario dos veces al día

Antes de conocer de Dios, tuve la oportunidad de trabajar como capitán en un bar restaurante donde trabajaba un día sí y otro no. Al entrar todos los días en la mañana, tenía que contar el inventario que me habían dejado, y al salir tenía que hacer lo mismo para saber cuánto se había vendido y qué se necesitaba pedir para el otro día de ventas, es decir, tenía un control y sabía lo que tenía. Te pregunto ¿sabes cuántas cosas tienes? ¿Podrías darme la respuesta ahora o nunca has hecho un inventario de lo que en realidad tienes? Muchas veces estamos pensando solo en las cosas que nos faltan o las que deseamos y no tenemos, o simplemente en los problemas diarios que se nos presentan.

Esto no nos hace ver las bendiciones que tenemos; pasamos por alto que tenemos salud, podemos hablar, caminar, correr, respirar, sonreír que tenemos nuestros hijos con salud, tenemos un techo, que podemos ver el mar, sentir el gusto de una comida, etc. En otras palabras, **hacer un inventario de todas las cosas buenas que tenemos, tanto materiales como espirituales, nos cambia el enfoque de nuestros pensamientos y nos hace ver la vida desde otro punto de vista.**

SUGERENCIAS PRÁCTICAS

Al levantarte y al acostarte haz un inventario diario de todas las cosas buenas que tienes (materiales, espirituales, bienes de salud, etc.).

17

Tener responsabilidad de realizar tareas diarias

¿Alguna vez has escuchado el proverbio popular que dice <<mente ociosa, taller del diablo>>? ¿Te ha pasado que has tenido un dolor de cabeza fuerte y de pronto aparece una tarea o trabajo a realizar te enfocas en él y el dolor de cabeza desapareció? Cuando estás sin hacer nada, acostado en una cama por mucho tiempo, tienes más espacio para pensar en los problemas, la pérdida o las necesidades; es decir, tu enfoque está en nada bueno. Al cambiar el enfoque y ocuparte en actividades productivas de bienestar esto va a hacer que cambies tu actitud.

En este aspecto, hay que prestar un interés especial, porque en algunos casos en que las personas que padecen de depresión, sus familiares le toman lástima o simplemente piensan que los están ayudando cuando hacen todas las tareas de la casa, llevan sus hijos a la escuela, mientras la persona con el padecimiento de depresión se siente que en verdad está enferma y sigue en ese estado de reposo en cama o sin salir de casa, lo cual le hace más daño que bien. Cuando una persona tiene que enfrentar por necesidad hacer una tarea o trabajo, su mente se enfoca en lo que tiene que hacer, se pone en movimiento, tiene roce con otras personas que le hacen salir del problema.

SUGERENCIAS PRÁCTICAS

No evites las responsabilidades, enfréntalas. Si tienes un familiar en estado depresivo, no tomes su lugar, exhórtalo y comprométete a ayudarlo de la mejor forma que es dejándolo hacer sus actividades diarias.

18

Rinde tu debilidad

Los seres humanos andamos muchas veces con máscaras en nuestro rostro para cubrir nuestras debilidades, miedos y tristezas. Cuando estas máscaras de fortaleza, valor y alegría se caen, llevan a una profunda depresión. Es peor aún cuando se mantienen ocultas por un tiempo prolongado de una manera constante y no queremos compartirlas con nadie porque pueden llevar a la persona al suicidio.

La fortaleza, el valor y la alegría se adquieren en nuestra comunión con Dios porque es algo espiritual y **las cosas espirituales tienen que ser identificadas y corregidas a través del espíritu, no de la mente ni del cuerpo**. Tratar la depresión de una forma incorrecta puede llevar a la muerte a los que la padecen porque solo esconden el problema. Ejemplos de esto son las personas que usan fármacos por largo tiempo, los que recurren al alcohol, las drogas; hay quienes se hacen adictos al sexo, los viajes de vacaciones o al trabajo. Nada de esto los ayuda porque el problema está escondido dentro de ellos.

Si entendiste esto puedo darte la solución, puedo decirte por dónde empezar, puedo darte a conocer el primer paso y es este: Rinde tu debilidad a Dios.

Háblale de tus miedos y tristezas y permite que el Espíritu de Dios (poder transformador) te guíe. El poder transformador es como el intérprete entre tú y Dios. Él te va a traducir lo que Dios quiere para tu vida y cómo poner en orden tus pensamientos, sentimientos y emociones.

Es como el sistema inalámbrico (wireless) que usas para conectarte a internet, no lo puedes ver, no lo puedes tocar, pero cuando no está activado no puedes entrar a internet; es como el puente que une dos ciudades, es tu conexión a la libertad. (Lee de nuevo el primer capítulo).

SUGERENCIAS PRÁCTICAS

Rinde tu debilidad a Dios. Corre la cortina, quítate la máscara. Todos conocemos noticias de suicidio y muerte de algunos artistas famosos porque estas noticias se hacen virales. Lo que no se habla muchos es de los famosos que han logrado salir de depresión, drogas y otros vicios a través de su entrega a Dios y el poner dentro de ellos el poder transformador.

Lista de otras actividades que nos pueden ayudar

El aislarnos o estar en reposo en cama mucho tiempo no son actividades aconsejables.

El ser humano necesita contacto con los demás y la actividad física nos lleva a crear emociones, además del medio ambiente en que nos desenvolvemos, nuestra rutina diaria, forma de pensar, es por eso, esta lista de recomendaciones de otras cosas que serían buenas hacer para no caer en depresión:

- Asistir con frecuencia a la iglesia.

- Tener iluminación en nuestras casas y en los lugares donde trabajamos. La luz echa fuera las tinieblas, ella nos da energía, nos hace ver las cosas mejor.

- Realizar actividades en las que estemos en contacto directo con la naturaleza (ir a la playa, parque, zoológico).

- Cambiar la rutina diaria. Por ejemplo: desayunar en el patio, cambiar las calles por las cuales manejamos al trabajo, probar una comida diferente; aquí puedes incluir vacaciones a un lugar nuevo, etc.

- Las reuniones familiares son necesarias. La familia es una de las primeras cosas que Dios creó.

- Pon música alegre, canta, baila y muévete. El movimiento crea acción y la acción da energía y motiva.

- Memorizar versículos bíblicos que se ajusten a la situación por la que pasamos o que nos ayude en la debilidad que tenemos. La Biblia es la Palabra de Dios, en ella encontramos respuesta a todas nuestras preguntas, pero no solo eso, encontramos herramientas apropiadas para combatir nuestras debilidades y también orientación y guía de cómo hacerlo.

- Tener exposición al sol al menos algunos minutos diarios, esto aporta vitamina D para el cuerpo.

- Leer libros que estimulen a acciones positivas.

¿Cómo restablecer la voluntad robada?

Muchos de estos puntos mencionados arriba requieren voluntad para ser hechos y la depresión roba esa voluntad a las personas que la padecen. Es un estado de ánimo que influye en las emociones, las emociones no son del cuerpo, son espirituales y solo se pueden cambiar a través de un proceso espiritual. Ahora te pregunto:

- ¿Quién es el que da el Espíritu?
- ¿Qué puedes hacer tú sin el Espíritu?
- ¿Qué pasa cuando el Espíritu no está en nosotros?

El Espíritu viene de Dios, Él es quien lo da, sin el Espíritu nada podemos hacer, sin Espíritu estamos muertos. La depresión te va apagando el Espíritu y poco a poco vas muriendo. Si ya entiendes esto, la pregunta es:

¿Cómo avivar de nuevo el espíritu? ¿Cómo establecer la voluntad robada para poder poner en práctica los puntos dados arriba?

Simplemente ponte de acuerdo con Dios quien es el dador del espíritu, pero además es quien los sustenta, sostiene y alimenta. Permite que habite dentro de ti el poder transformador de Dios (Espíritu Santo), ve y lee de nuevo el primer capítulo de este libro, aprende qué es el poder transformador, cómo obtenerlo y cómo alimentarlo.

Estas son palabras de Jesucristo y Él dijo:

<<*Si alguno tiene sed, venga a mí y beba. El que cree en mí, como dice la Escritura, de su interior correrán ríos de agua viva. Esto dijo del Espíritu que habían de recibir los que creyesen en Él.*>> Juan 7:37-39

Cuando en tu interior corren ríos de agua viva, restableces la voluntad robada; estás verdaderamente vivo y no tan solo respirando. Solo ponte de acuerdo con el Creador y sustentador, a su manera y no a la tuya.

Todos pasamos por momentos de tristeza y desaliento, por eso, una vez que tengamos en nosotros viviendo el poder transformador de Dios, es necesario que continuemos alimentándolo constantemente con la lectura de la palabra, con la alabanza, las oraciones, el ayuno y con el servicio a otros de manera que podamos crear una reserva en nuestro interior para ser utilizada al enfrentar los momentos malos de la vida. Al habernos preparado bien creamos una reserva espiritual que aflorará en los momentos malos y una vez posados estos estaremos firmes.

A modo de conclusión diremos

- En muchos de los casos, la depresión no es una enfermedad producida por el mal funcionamiento del cuerpo, sino por nuestra manera de pensar y actuar ante las diferentes situaciones.

- Salir de la depresión requiere disciplina y deseo de salir de esta forma de actuar.

- Requiere persistencia, nada podemos cambiar sin persistencia, por el simple hecho de que apliques todo lo dicho en este libro una vez no quiere decir que no vas a caer más en depresión porque el cuerpo y la mente necesitan entrenamiento. Aquí tienes las herramientas necesarias, si las usas correctamente, te ayudarán a ir alejando las ocasiones en que caigas hasta que llegues a librarte de ella para siempre.

- Ten cuidado con los sitios que escoges ir, los eventos a los que decides asistir y las personas con las que te rodeas. Asegúrate que te produzcan emociones positivas y te llenen de energía para levantarte. Relaciónate con personas que sean afines con la transformación espiritual que se ha ocasionado en ti. Elige ir a lugares o eventos que te nutran y continúen recordándote que el poder transformador está allí, listo para actuar cuando tú le des el permiso, esto es, cuando rindes tu voluntad a Su voluntad.

- Empieza por restablecer la voluntad y el ánimo poniendo dentro de ti el poder transformador y permitiéndolo actuar.

- Sobre todo, recuerda, apóyate en Dios y no confíes en tus fuerzas, la victoria es de Él, no tuya ni mía.

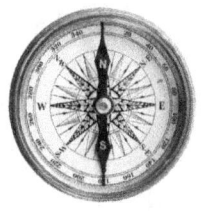

Capítulo 8
ANSIEDAD
¿Cómo evitarla o salir de ella?

A modo general, hay aspectos que debemos tener en cuenta en nuestras vidas que se aplican para mejorar cualquier actitud que queramos. No quiero explicar de forma repetitiva estas áreas, sino que haré mención de ellos y profundizaré solo en los que son particularmente aplicables a la ansiedad y que no se mencionaron antes.

Aspectos generales ya mencionados que ayudan a evitar la ansiedad:
- La posición del cuerpo.
- Observar la forma en que respiramos y hacer ejercicios respiratorios (es clave y fundamental en el control de la ansiedad).
Alimentarnos de manera saludable.
- Cuidar la forma en que pensamos y en lo que pensamos.
- Hacer ejercicios físicos.
- Tomar agua suficiente.
- Comenzar el día con la Palabra de Dios.

La ansiedad y la depresión son como primas hermanas, son de una misma familia, tienen cosas comunes y diferentes, en adelante haremos especial énfasis en cosas específicas que podemos hacer para evitar la ansiedad o combatirla.

11
Sugerencias prácticas

cosas específicas que podemos hacer para evitar la ansiedad o combatirla.

1

Aprende la diferencia entre lo que puedes controlar y lo que no

Hay que aprender a distinguir entre las cosas que podemos hacer o influenciar por nosotros mismos y las cosas en las cuales nada podemos hacer o influenciar.

Por ejemplo, podemos tener control sobre los temas que hablamos, la forma que nos vestimos, los lugares donde vamos, la forma en que gastamos nuestro dinero, los principios y modales que enseñamos a nuestros hijos, etc. Por otro lado, no podemos tener control sobre los desastres naturales, el estado del tiempo, no podemos controlar tampoco las actitudes o respuestas de otras personas.

En otras palabras, hay cosas sobre las cuales no tenemos control alguno, solo debemos aceptarlas como son, y si hay algo que podamos hacer para prepararnos y hacer que ciertos eventos o actitudes tengan un menor impacto en nosotros, hacerlo y dejar el resto a Dios.

A modo de ejemplificar lo anterior, utilicemos el caso de un huracán que está anunciado va a pasar por nuestro territorio. Esta noticia puede provocar cierta ansiedad y las preguntas se agolpan:

¿Qué pasaría si me impacta directamente?
¿Esto afectará mi negocio?
¿Será un peligro para mi familia?

Todas estas preguntas son sin sentido porque nada podemos hacer para controlar la trayectoria del huracán y no sabemos qué áreas de nuestro diario vivir se verán afectadas. Es más, no sabemos si estos pronósticos científicos se van a cumplir y el huracán se va a ir por otra ruta o se va desintegrar.

<<Prepararte>> o <<Preocuparte>>

Al final del día, lo único que podemos hacer frente a un huracán es prepararnos, poner los paneles de protección en las ventanas, recoger objetos que sean peligrosos, tratar de refugiarnos en un sitio seguro y orar porque Dios, y no nosotros, es el que está en control de esta situación.

Cuando aprendemos a diferenciar entre *pre-ocuparnos* y *ocuparnos*, cuando sabemos diferenciar entre las cosas que podemos cambiar y las que no podemos cambiar, la ansiedad no tiene cabida ni en ti ni en mí. Cuando la preocupación venga a tu vida y te provoque cierta ansiedad, pregúntate:

- ¿Qué puedo hacer para evitar esta situación?
- ¿Estoy en control de permitir que suceda o deje de suceder?
- ¿En qué puedo ocuparme para minimizar su impacto?
- ¿Confío que Dios está en control de esta situación?

Si en verdad estás buscando la respuesta a estas preguntas y encuentras la verdad en la contestación, esto será de bendición a tu vida y la ansiedad estará erradicada en un 80%. Una sugerencia práctica sería, cuando tenemos preocupación, tomar una hoja en blanco y dividirla en dos, a un lado, poner la que podemos hacer para evitar que esa situación pase y empezar a tomar acción INMEDIATAMENTE; al otro lado, poner lo que NO podemos hacer nosotros y ponerlo en manos de Dios y ESPERAR PACIENTEMENTE que Dios obre.

SUGERENCIAS PRÁCTICAS

Al darte cuenta que hay situaciones o momentos en los cuales no puedes hacer nada para cambiar o influenciar en algo, entonces ora a Dios, ponlo en sus manos con toda fe y acepta su voluntad porque su voluntad es lo mejor para tu vida.

Ahora, cuando meditas en el problema y te das cuenta que puedes hacer algo, ora a Dios para que te dé las fuerzas y sabiduría para resolverlo. En este caso, no te preocupes, ocúpate y verás los resultados.

2

Vive un día a la vez

Una de las más grandes lecciones que un ser humano puede aprender es seguir las instrucciones de la Palabra de Dios escrita en la Biblia que nos dice que vivamos un día a la vez, que <<no nos preocupemos por el día de mañana porque cada día traerá su propio mal>>.

Vive el hoy

A veces estamos tan preocupados por el día de mañana que no vivimos el día de hoy las personas que ya han vivido ciertos años saben lo que estoy hablando. Muchas veces anticipamos todo tipo de escenario o evento que no llega a suceder; nadie puede conocer el futuro, sólo Dios, cuando estamos imaginando escenarios y adelantándonos a los acontecimientos, estamos creando en nosotros ansiedad. He escuchado esta frase en muchas ocasiones <<vivamos un día a la vez porque los días hacen semanas, las semanas hacen meses, los meses hacen años y los años una vida.>>

SUGERENCIAS PRÁCTICAS

Pon en práctica este versículo bíblico que dice:
<<Así que no se preocupen por el mañana, porque el día de mañana traerá sus propias preocupaciones. Los problemas del día de hoy son suficientes por hoy.>> Mateo 6:34

3

Administrar el tiempo sabiamente

Dios nos ha dado veinticuatro horas del día a todos por igual. Todos necesitamos dormir, comer, etc.; la forma en que administramos nuestro tiempo puede darnos más tranquilidad o más estrés, dependiendo de cómo lo hagamos. Si no usamos el tiempo sabiamente, esto puede producirnos cierta ansiedad.

Por ejemplo: Para llegar en la mañana al trabajo te toma quince minutos, si sales con el tiempo justo, puede ser que un día el tráfico esté lento y tengas la posibilidad de llegar tarde al trabajo y cada minuto que pasas en el auto estás pensando: ¿Que dirá mi jefe?, ¿habrán clientes esperando por mí?, ¿debería llamar para que sepan que llegaré tarde? Toda esa ansiedad pudo haberse evitado saliendo diez minutos más temprano.

Otra forma sabia de administrar el tiempo es teniendo un calendario de actividades semanales.

Cuando sabes lo que vas a hacer por horas, tendrás un sentido de guía y organización; y esto es un buen antídoto contra la ansiedad.

SUGERENCIAS PRÁCTICAS

Cuando tengas una cita, vayas al trabajo o tengas que hacer un proyecto, date un tiempo de gracia para llegar temprano, sal con anticipación, empieza más temprano; eso te evitará ansiedad y tendrás una vida más tranquila.

Crea un calendario donde incluyas todo: trabajo, familia, actividades personales y otras, eso te dará dirección y guía.

4

Ora en todo momento en cada circunstancia

Cuando aprendemos a llevar todas las cosas que hacemos a Dios en oración, por pequeñas que sean, entonces podemos estar en paz y la ansiedad no tiene espacio en nosotros, ¿por qué es esto?

Simplemente porque no sabemos en la vida qué es para bien o qué es para mal. He conocido personas que han luchado toda la vida por realizar un sueño determinado y cuando ese sueño se ha realizado, su vida se ha convertido en una pesadilla. A veces nos proponemos una meta y al llegar a ella vemos que es mejor nunca haberla empezado. Cuando oramos a Dios, podemos pedir lo que queramos, solo que debemos pedir acorde a su voluntad y no a la nuestra.

Cuando oras, lo pones todo en sus manos y en verdad esperas aceptar su voluntad, te desconectas de los resultados; en otras palabras, tú propones algo, actúas para lograrlo y no estás preocupado del resultado porque sabes que lo has dejado a la voluntad de Dios y confías que su voluntad es lo mejor para tu vida.

Mi historia

A título personal te puedo decir que esto trabaja. Por ejemplo, mi trabajo profesional es como agente de bienes raíces. Cuando tengo una cita con un cliente que quiere vender su casa, casi siempre eso crea cierta preocupación porque en la mayoría de los casos son personas que no conozco y no he visto antes; ellos no saben de la manera que actúo, mis conocimientos o si estoy actuando con honestidad. Por otro lado, yo pienso: ¿con qué tipo de persona me voy a encontrar?, ¿cómo me van a tratar?

Esto es lo que hago en lugar de preocuparme al punto de ansiedad:

- Algo que me calma y me hace llegar más tranquilo a la cita es orar.
- Siempre trato de estar bien preparado con un estudio de mercado amplio.
- Practico mi presentación.
- Tomo suficiente tiempo para prepararlo todo y llegar en tiempo.

En otras palabras, hago mi parte, oro, dejo el resto en las manos de Dios y acepto su voluntad en mi vida; entonces, si tomo el negocio sé que va a ser para bien, y si no lo tomo es porque Dios sabe que no era algo bueno para mí.

Lo anterior solo fue una situación real para ilustrarte el punto, no para ponerme yo como ejemplo, el único ejemplo es Cristo. Si lo sigues a Él y pones cada paso de tu vida en sus manos ya no tendrás más ansiedad.

SUGERENCIAS PRÁCTICAS

Haz de la oración un estilo vida, ora por todo y en toda circunstancia.

<<Por nada estéis afanosos, sino sean conocidas vuestras peticiones delante de Dios en toda oración y ruego, con acción de gracias. Y la paz de Dios, que sobrepasa todo entendimiento, guardará vuestros corazones y vuestros pensamientos en Cristo Jesús.>> Filipenses 4:6-7 (RV1960)

5

Desarrolla confianza en ti mismo

La vida está en constante cambio y transformación. Cuando piensas que estás en tu zona de confianza porque has aprendido a sobrellevar ciertos aspectos de tu vida y tienes una forma cómoda de vivir, entonces aparece una situación nueva o la misma situación pero en una forma diferente, al no estar acostumbrado a este nuevo proceso y muchas veces no saber cómo enfrentarlo, nos crea cierta ansiedad.

Por ejemplo, tenemos nuestro hogar formado, nuestros hijos están creciendo, ya hemos aprendido a cómo comunicarnos mejor con ellos, pero ahora uno de ellos entra en la etapa de adolescencia. Su forma de pensar y actuar sufre un cambio, el hijo tiene una relación de amoríos y trae la novia a la casa, ésta tiene una familia con otras costumbres, esto nos cambia la vida y tenemos que aprender cómo actuar en esta situación que nunca antes hemos enfrentado.

No te apoyes en tu propio entendimiento

Para enfrentar cada situación nueva, en cada problema tenemos una guía a donde acudir que es la Palabra de Dios (la Biblia).

En ella encontramos respuesta a todas nuestras preguntas y podemos hacer las cosas a la manera de Dios. Cuando has crecido, el poder transformador está dentro de ti, guiándote, tienes la Palabra para leerla, oras y llevas todo a Dios antes de dar un paso, entonces las cosas que haces y los resultados que tienes son los mejores, eso te da confianza en ti mismo porque has confiado primero en Dios. Muchas veces, estos resultados no se ven en un día, hay que pasar por procesos que, muchas veces, no son los más deseados, pero si tenemos la vista puesta en lo que queremos lograr, seguramente llegaremos.

SUGERENCIAS PRÁCTICAS

Una forma de lograr confianza en ti mismo es a través de Dios. Cuando conoces la Palabra y la haces tuya, eso te da un poder en ti mismo para salir en victoria. Aprende versículos que eleven este espíritu de confianza, como:

<<Todo lo puedo en Cristo que me fortalece>>.
<<Dios es el que me ciñe de poder y quien hace perfecto mi camino>>.
<<En Dios haremos proezas>>.

Si puedes creer en estas promesas y las pones en práctica en cada momento de cambio y situaciones nuevas en tu vida, la ansiedad no tiene cabida en estos escenarios porque has aprendido cómo eliminarla.

6

Ordena tu vida en todos los sentidos

Comenzaré esta sección con ejemplos sencillos para que puedas entender este tema a profundidad.

Cuando tenemos las cosas ordenadas en la cocina, si hay una gaveta para los cubiertos, otra para los utensilios, y si hay una gaveta en el medio, donde están los cuchillos y cada vez que usamos uno, lo colocamos en el mismo lugar. ¿No es mucho más fácil encontrarlo?

Si en la oficina tenemos un buró con varias gavetas, y si en una ponemos los archivos y los especificamos por nombre; en la otra, el papel de la impresora, etc. Entonces podremos utilizar y aprovechar más nuestro tiempo, lo que resulta en un trabajo más eficiente porque tenemos las cosas en su lugar.

En algunas ocasiones estamos apurados y tenemos que llevar con nosotros algún instrumento de oficina, o estamos terminado un proyecto y se nos olvidó dónde lo guardamos. Esto nos crea cierta ansiedad porque con la pérdida de tiempo por encontrar lo que buscamos, no vamos a estar a la hora requerida.

Restablece el orden

Lo mejor que podemos hacer es establecer orden, tener en lo posible un puesto fijo para las cosas donde no tengamos ni que pensar a dónde ir a buscarlas y podamos hacer nuestro trabajo con más eficiencia y con menos estrés.

Así también en nuestras vidas debemos establecer elementos de orden y prioridad que nos ayuden a lidiar con los problemas y las presiones que debemos enfrentar.

Orden de prioridades

El orden en las prioridades debemos establecerlo en cuanto a principios y valores. Usando el ejemplo del buró de oficina, ¿en qué gaveta pondrías a tu familia?, ¿en la primera de arriba y más grande o en la última y más pequeña? ¿En dónde estaría Dios, encima del buró, arriba de todo o ni siquiera harás un espacio para Él? ¿En dónde estaría tu espacio de diversión y entretenimiento? En la gaveta de la familia, ¿para quien has hecho mayor espacio para tu esposa e hijos o para el resto de los parientes?

Cuando tenemos prioridades establecidas y sabemos el orden que éstas tienen en nuestras vidas podemos decir NO a muchas actividades de las cuales sentimos la necesidad de hacer para quedar bien y satisfacer a otros o satisfacernos nosotros mismos; y no sólo eso, cuando invertimos el orden de valor natural nunca vamos a tener la bendición en las cosas que hacemos. Tenemos que saber cuáles son las cosas más importantes en nuestra vida, seguir un orden: primero Dios, después la familia, negocio, trabajo, etc. Dice la Biblia que <<donde está tu tesoro allí estará también tu corazón.>>

Cuando establecemos prioridades de una forma correcta en todos los aspectos de nuestra vida sabemos maniobrar fácilmente las presiones y también la ansiedad que llega a nosotros que si no tenemos principios establecidos de antemano.

Una vida dirigida por las prioridades

Para poner un ejemplo de este aspecto, digamos que ya tienes tus prioridades establecidas y has puesto a la familia y en especial a tus hijos en un lugar importante. Si tus amigos te llaman para ir a una fiesta el mismo día y hora en el cual tu hijo tiene un partido de béisbol. Sabes que es importante para tu hijo que estés allí, apoyándolo. Aunque tú en realidad no eres amante del béisbol y te gustaría estar mejor con tus amigos, ¿qué harías en este caso? Como ya sabes tus prioridades, no tienes ni que pensarlo, irás al partido de béisbol y allí vas a disfrutar tanto o más que en la fiesta porque ya has dicho que <<no>> a lo que es menos importante para ti. La decisión está hecha, tu hijo estará feliz, tu esposa estará feliz y tendrás un hogar en paz.

Veamos qué sucedería si hubieras tomado la decisión de ir a la fiesta con los amigos. Tu hijo estaría frustrado, tu esposa también estaría resentida porque ella quería que estuvieras junto a la familia. En este escenario se pueden agregar muchos otros factores, hay muchos matrimonios que pudieron haber evitado el divorcio si hubiesen establecido prioridades acorde al orden de valores que quiere Dios para sus vidas.

A modo de conclusión de este tema diremos que debemos de buscar la forma de ordenar todos los aspectos de nuestra vida, comenzando por nuestra casa u oficina, y hacer un orden de prioridades en nuestra vida espiritual que esté de acuerdo con los valores y principios de Dios.

SUGERENCIAS PRÁCTICAS

Elige hoy un lugar de tu casa o trabajo que pueda estar mejor ordenado y ponlo en orden. Toma fotos del antes y después, ponlas en un lugar donde puedas verlas y escribe junta ella esta pregunta: ¿Qué otras áreas puedo ordenar en mi hogar, trabajo, familia o espiritualmente?

Escribe las respuestas en un papel y haz un plan para ir ordenándolo todo. La Palabra de Dios nos dice que Dios es un Dios de orden y Él nos hizo a su imagen y semejanza.

7

No gastes dinero por encima de tus posibilidades

El dinero es útil para adquirir bienes y servicios necesarios para la vida en cualquier parte del mundo que vivamos, su importancia se manifiesta en todo los aspectos de nuestra vida. El amor al dinero es algo que hace a las personas se alejen de Dios; confiar más en sí mismos y en lo que ellos pueden obtener. Esto no es bueno, como tampoco lo es tener apatía por el trabajo y menospreciar el papel que el dinero juega en cada aspecto de nuestra vida, incluyendo el plano espiritual, porque cuando tenemos cubiertas nuestras necesidades y tenemos suficiente para ayudar a aquellos que amamos, nuestra alma está en paz.

El dinero sí importa

He visto muchas personas que a pesar de conocer a Dios desprecian el dinero y aún más, llegan a decir que no les importa y al mismo tiempo cuando tienen necesidades básicas los ves deprimidos y ansiosos por la falta del mismo.

En realidad, todos tenemos parámetros diferentes para definir lo que es necesidad o lujo según la crianza que hemos tenido, nuestra cultura, nivel económico, etc.; lo que es igual, es que todos tenemos una entrada de dinero en alguna medida y esa medida muchas veces dicta el estilo de vida que llevamos.

La preocupación causada por el dinero

Desgraciadamente hay personas que quieren vivir con un estilo de vida por encima de lo que ganan y gastan más de lo que perciben (a través de crédito). Al ver que lo que ganas no te alcanza para pagar intereses y deudas, en ocasiones esta preocupación puede crear una ansiedad que se manifiesta en la pérdida del sueño, trabajo excesivo y ahí se empieza a desencadenar una serie de consecuencias, como pueden ser mal humor, problemas con el carácter que afectan las relaciones interpersonales, entre otras cosas. Todo esto se puede evitar si aprendemos a vivir con el dinero que ganamos y no gastamos por encima de nuestras posibilidades.

Entiéndase que no estoy diciendo que vivamos con limitaciones, sólo estoy sugiriendo que no gastes más de lo que ganas hoy. Si quieres tener más estudia, supérate, haz un negocio diferente, atrévete a invertir tu dinero para que puedas progresar sin tener que pedir prestado para satisfacer tus necesidades.

Maneja tu dinero

No son las grandes cosas que hacemos las que definen nuestra vida, sino las pequeñas, la rutina diaria, nuestros hábitos son los que nos hacen tener un mañana mejor. Muchas veces trabajamos tanto que nos hace pensar que merecemos más y eso lo queremos ahora.

Tenemos miedos internos que nos llevan a pensar que nos podemos morir o enfermar mañana, de esa manera gastamos hoy como si mañana no existiera, esto constituye una trampa porque nunca invertimos el dinero para tener un mañana mejor y nuestro día a día se hace peor se pierde la esperanza, hasta que aparece algo nuevo en qué gastar: un nuevo viaje de vacaciones que hacemos con dinero de las tarjetas de crédito o que ahorramos con tanto sacrificio, y el ciclo se va repitiendo y nunca sales afuera por tus miedos.

Recuerda, **hay un hilo que une todas las cosas que hacemos en nuestra vida, cada acción tiene consecuencias que muchas veces están interrelacionadas.** Mi maestra de la escuela dominical siempre dice: <<el pecado tiene cola>>.

SUGERENCIAS PRÁCTICAS

Para organizarte en este tema empieza por hacer un presupuesto de tus gastos mensuales.

Comienza a hacer un plan de ahorros donde tengas al menos seis meses de reserva en dinero que no vas a tocar, solo en caso de emergencia. Esto te dará tranquilidad en tu vida y eliminará la ansiedad del pensar no tener con qué pagar mañana si algo pasa o simplemente si el negocio no fue bien este mes.

Aquí no estamos tratando de darte un curso de economía o una fórmula mágica para hacerte rico, se trata sólo de llamar tu atención a que no gastes dinero por encima de lo que ganas.

8

Dale descanso necesario a tu cuerpo

Los seres humanos trabajamos para cubrir nuestras necesidades, progresar en la vida y sentirnos útiles, así también necesitamos descanso reponer fuerzas, energías y tener vitalidad en la vida.

En ocasiones trabajamos más de lo debido, esto hace que el cuerpo tenga que sacar fuerzas de la reserva que se va agotando. Si esto se hace por un espacio prolongado de tiempo trae consigo una desestabilización emocional y uno de los síntomas que más vemos manifestarse es la ansiedad. Aquí te presento una serie de sugerencias para evitar caer en esta situación.

SUGERENCIAS PRÁCTICAS

- Duerme suficientes horas al día (8 horas).

- Crea la costumbre durante los días de trabajo de acostarte y levantarse a la misma hora. Esto ayuda a tener más energía.

- Establece un tiempo antes de acostarte a dormir donde no realices actividad alguna.

- Ten al menos un día a la semana para descansar completamente el cuerpo y la mente.

- Planifica actividades al aire libre con tu familia.

- Dedica mínimo 15 minutos de lectura a la Palabra de Dios. Eso te da descanso espiritual.

- Visita lugares diferentes donde tu vista y tu mente se mantengan alerta y, al mismo tiempo, recrearte con un paisaje nuevo.

- Establece intervalos de tiempo en tu trabajo con momentos de descanso.

Un cuerpo descansado es una mente sana y más efectiva para un rendimiento mayor en el trabajo, entonces debemos aprender que necesitamos descansar para poder producir más y mejor cuando estamos trabajando.

Recuerda que el descanso nos libra de enfermedades malas como la ansiedad.

9

Enfócate en la solución, no en el problema

¿Qué haces cuando tienes un problema o reto a superar en tu vida? ¿Cuánto tiempo pasas pensando en él? ¿Alguna vez has pensado en las consecuencias de un problema que nunca ocurrio?

Al enfrentar un problema hay una fórmula mágica que se puede aplicar para minimizar la ansiedad, y es: 90/10. Si nos enfocamos 90 % del tiempo en buscar e idear soluciones y solo 10 % en el problema, acabaremos teniendo al menos 9 soluciones prácticas; y nuestro problema erradicado, cuando divides 90 entre 10 eso da 9, con esta fórmula cambiarás la perspectiva y harás el problema más pequeño o insignificante.

SUGERENCIAS PRÁCTICAS

Aplica la fórmula 90/10 para resolver cualquier problema que se te presente y enfócate en la solución.

Cuando miramos solo el problema tendremos temor. Pero buscar la solución con la ayuda de Dios nos devuelve el poder para actuar y nos mantendrá en paz.

10

Piensa a largo plazo

¿Has tenido alguna experiencia en el pasado, donde has enfrentado una situación adversa o desagradable que se ha tornado luego en algo bueno?

Hay personas que han perdido su trabajo de pronto y se ven en un callejón sin salida, pasan en ese momento por escasez material y preocupaciones que generan tremenda ansiedad, pero al pasar un tiempo consiguen un trabajo mejor donde le pagan más y tiene mejores beneficios.

Otros pasan por un accidente donde tienen que estar en recuperación casi sin moverse y en ese intervalo de tiempo tiene una meditación interior que cambia su perspectiva en la vida para siempre y los hacen más felices y plenos.

De momento estamos angustiados porque nos ha sucedido algo malo y nos ponemos ansiosos y preocupados al ver la situación en que nos encontramos, mas al pasar de los meses y años vemos que eso que sucedió nos sirvió para llegar a otro nivel en la vida o para ayudar a otros a superar situaciones similares. Simplemente lo que parecía haber sido malo se transformó en algo bueno, en algo provechoso para nuestras vidas.

Nunca sabemos exactamente cuáles son las consecuencias de las cosas que nos pasan, mas los que hemos vivido por algunos años hemos visto que todo sucede por un propósito y ese debe ser nuestro modo de ver las cosas.

SUGERENCIAS PRÁCTICAS

Aplica este versículo que es una enseñanza valiosa.

El apóstol Pablo en su carta a los romanos lo pone en una forma simple cuando dijo, inspirado por Dios: <<Y sabemos que a los que aman a Dios, todas las cosas les ayudan a bien, esto es, a los que conforme a su propósito son llamados.>> (Romanos 8:28)

Hay momentos en los cuales no entendemos el porqué de lo que estamos pasando, mas si creemos a Dios que todo lo que sucede en nuestras vidas obra para bien, eso nos dará la cura a la ansiedad, nos hará más que vencedores.

11

¿Cómo es tu mirada?

Hay un dicho popular que nos dice <<Los ojos son el espejo del alma>>. El cuerpo humano es como un reloj; sentimos hambre cuando llega la hora que siempre acostumbramos a comer, vamos al baño a hacer nuestras necesidades casi siempre a la misma hora, cuando trabajamos y despertamos a una hora determinada todos los días el cuerpo se acostumbra a levantarse a la misma hora y aun en nuestro día de descanso sin querer nos levantamos a esa hora.

En otras palabras, nuestro cuerpo crea respuestas automáticas que están dentro de la información que recoge el cerebro acorde a nuestras costumbres y formas de pensar anteriores.

Es como si tuviéramos formada en nuestro cerebro una base de datos que nos hace responder automáticamente sin pensar las cosas que hacemos. ¿Te has detenido a observar tu mirada? ¿Qué es lo que reflejan tus ojos? ¿Qué información transmiten a tu cuerpo y hacia los demás?

Al detenerte a observar tu mirada y tus ojos puedes descubrir muchas cosas:

¿Está tu rostro relajado o tenso?
¿Es tu forma habitual tener una mirada tensa o amorosa?
¿Esperas tener paz o esperas conflictos y contradicciones?
¿Escuchas a los demás con el ánimo de entender o para juzgar lo que dicen?

La forma en que miramos muchas veces se hace automáticamente, sin darnos cuenta, y si quieres eliminar tensión y ansiedad en tu vida, la primera acción es enfocarte en tu mirada. Pregunta a familiares y amigos qué es lo que ellos ven en ti, qué notan ellos en tu mirada; evalúa la tensión de tu cara y tus músculos constantemente, ¿qué te dicen ellos?

Haz este ejercicio:

- Cuando sientas tensión, ve delante de un espejo y mírate a los ojos.

- En ese momento cambia tu pensamiento y acuérdate de un momento de relajación, alegría o amor que venga a tu memoria.

- Nota la diferencia:
* ¿Cómo te sientes?
* ¿Sientes la diferencia?
* ¿Cómo está tu mirada?

- Graba este momento en tu mente.

Te animo a crear un ritual que te haga recordar ese momento por siempre para que puedas cambiar de un estado a otro.

Conoce la mente

Los seres humanos tenemos repuestas automáticas a ciertos estímulos que nos hacen recordar momentos pasados en nuestra vida. Por ejemplo, escuchas una canción que te recuerda a alguien o algo, sientes un olor y te recuerdas de cierta playa. Si eso te ha pasado, sabes de lo que te hablo. Crea una emoción dentro de ti que te haga cambiar la mirada cuando te recuerdas del momento bueno vivido.

Al cambiar la mirada cambiarás la forma en que te sientes por dentro y esto reducirá la tensión.

SUGERENCIAS PRÁCTICAS

- Ve frente al espejo y piensa en un momento bueno, alegre, de relajación y amor en tu vida, nota el cambio de tu mirada.

- Graba en tu mente la relajación que sientes.

- Toca una parte de tu cuerpo o di alguna frase que te haga recordar cómo te sientes ahora.

Cada vez que te quieras sentir en esa manera, repite la expresión que creaste o toca la parte del cuerpo que te hace recordar el momento vivido.

Recuerda, los ojos son el reflejo del alma. Cambia la expresión de tu mirada y la ansiedad desaparecerá para siempre.

<<La lámpara del cuerpo es el ojo; así que, si tu ojo es bueno, todo tu cuerpo estará lleno de luz.>> Mateo 6:20

A modo de conclusión diremos

La ansiedad encuentra lugar en el temor y la falta de control. Estos son los catalizadores que disparan la ansiedad, la mantienen viva; en otras palabras, es el combustible que la alimenta, la ansiedad encuentra vida en el temor y la falta de control.

Cuando te sientas ansioso pregúntate:

- ¿De dónde viene esta ansiedad?
- ¿Cuál es su origen?
- ¿De qué tengo temor?
- ¿En qué área de mi vida me he excedido en mi conducta y tengo que tener más control?

Las respuestas a estas preguntas te harán identificar de dónde procede la ansiedad, es decir, lo que te pone ansioso. En ese momento debes rendirlo a Dios, dejar que el poder transformador haga la obra. Debes practicar la confianza en el poder transformador y comenzar a dar pasos que lleven a salir de esta situación.

La falta de control generalmente viene porque sentimos que algo nos falta en nuestra vidas, hay un espacio que no tenemos llenos en nuestro espíritu y vienen a nosotros miedos que provocan falta de control, ésta se puede manifestar de muchas maneras: exceso de trabajo, gastar dinero en compras excesivas, comer sin control, sexo con personas distintas, alcohol, drogas, juegos, vacaciones y diversión con dinero malgastado, acumulación de vienes innecesarios, etc.

Estas actitudes provocan otras consecuencias y así se van encadenando eventos en nuestras vidas que nos mantienen atrapados.

Pregúntate:

1. ¿Qué es lo que me falta en mi vida que no ha llenado este espacio?
2. ¿En verdad siento satisfacción duradera en mis actitudes excesivas o es solo por un espacio de tiempo?

Hay un espacio en nuestro hombre interior que no puede ser llenado por nada que no sea por el poder transformador de Dios (su santo Espíritu). Él es el que da esa llenura:

- El que nos quita los miedos.
- El que corrige nuestros caminos.
- Nos da la guía para salir de los vicios y actitudes excesivas.
- Nos da satisfacción y gozo interno que solo puede emanar del Creador.

Estas cosas no se aprenden intelectualmente, no se razonan a través de pensamientos, es con la entrega como la puedes obtener, debes de empezar por lo primero, poner dentro de ti el poder transformador

(lee el primer capítulo de nuevo).

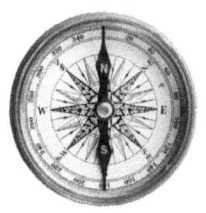

Capítulo 9
La ira
formas de evitarla

La ira es uno de los sentimientos humanos que más daño hace, no solo al que la practica, sino a todos los que le rodean. Hay muchísimas personas que la padecen, conocen de ella y no quieren ser así; sin embargo, siguen cayendo en lo mismo día tras día porque no saben cómo contenerla o evitarla.

Las siguientes sugerencias son para que las pongas en práctica y puedas evitarla o eliminarla de tu vida o simplemente puedas ayudar a alguien que sabes la práctica o padece.

13 Sugerencias prácticas

Consejos para evitar o eliminar la ira de tu vida

1
Reconoce el problema

El reconocimiento de un problema es siempre el primer paso hacia la mejoría o eliminación radical de una actitud negativa en nuestra conducta. Una vez que lo tengamos identificado debe haber un sincero arrepentimiento de esa actitud que practicamos. Después tiene que existir en nosotros un deseo ferviente de eliminarla, y luego debemos buscar formas y mecanismos que nos ayuden a salir del problema a corregir nuestra actitud.

Dejar la negación

Es fundamental que entendamos estos pasos primarios porque sin ellos es imposible encontrar una solución, porque siempre vamos a encontrar negar que tenemos un problema comenzando con una justificación a nuestras acciones un porque las hacemos: "es que yo soy así", "en mi familia me criaron de esa forma", "yo solo exploto cuando me provocan", etc.

Hay personas que usan la ira como una herramienta para obtener sus objetivos en la vida, en otras palabras, se sienten cómodos gritando y violentándose en cada situación sin importarle qué piensan las demás, qué heridas y resentimientos dejen en otros, con tal de obtener lo que quieren o simplemente darse a entender con los demás; para estas personas no hay solución posible porque la solución empieza siempre en el reconocimiento del problema.

No vale la pena

Quiero que entiendas que la ira no conlleva a nada bueno. Cuando a través de ella podemos obtener lo que queríamos o dar a entender nuestros puntos, dejamos un sabor amargo un resentimiento que no podrá ser olvidado nunca, que deja raíces de amargura en las personas que nos rodean y hacen que lo obtenido a través de esta actitud no traiga a nuestras vidas verdadera satisfacción y gozo.

SUGERENCIAS PRÁCTICAS

¿Cómo podemos hacer para empezar correctamente?

- Reconoce que tienes un problema,
- Arrepiéntete de usarlo,
- Pon en ti el deseo ferviente de eliminarlo de tu vida para siempre.

Si ya lo has hecho, entonces y solo entonces las siguientes sugerencias podrán tener un efecto positivo en tu vida.

2

Busca ayuda

Una vez reconocido el problema ya sabemos que no queremos que siga en nuestras vidas y tenemos el deseo ferviente de corregirlo entonces debemos buscar ayuda. Si lo intentamos por nosotros mismos con nuestras propias experiencias, entonces puede ser que el problema se agrave o nos frustremos por caer en lo mismo y abandonemos el proceso.

Si has entendido esto, lo que queda es solo buscar la ayuda correcta.

En nuestra sociedad es muy común que te recomienden un psicólogo, motivador personal, terapia individual o de grupo; estos métodos pueden ser efectivos si se toman como una ayuda colateral, en otras palabras, se combinan con otras actividades, solo que la base que debemos buscar debe ser sólida y duradera, que cree raíces, que se haga en una forma correcta desde el principio, para esto no hay nada mejor que la Palabra de Dios que se encuentra en la Biblia.

Busca a Dios

Si has venido leyendo este libro desde principio ya sabes que su Espíritu puede vivir en ti y guiarte a toda verdad y corrección: comienza con una búsqueda a cerca de cómo eliminar la ira a través de versículos y lectura de la Palabra de Dios en internet, al empezar en contacto con la Palabra, ésta pondrá en ti la guía para eliminar el problema.

Cuando vamos a la Palabra de Dios vemos que la mayoría de los dichos de la sabiduría popular que hemos oído de nuestros padres y abuelos provienen de la Biblia, en especial los Proverbios contienen como toda la Palabra un lenguaje directo y sencillo que si lo aplicas, sin duda ni reserva van a ser de bendición a tu vida.

SUGERENCIAS PRÁCTICAS

Debajo citamos algunos ejemplos que te ayudarán a comenzar, no pienses que el camino es fácil o se hace en un día, solo que si pones el interés necesario y lo haces ayudado por Dios, la victoria está segura.

Te aconsejo comenzar estudiando estos proverbios con referencia a la ira:

Proverbios 14:29; Proverbios 15:1; Proverbios 15:18; Proverbios 16:32; Proverbios 17:14; Proverbios 25:28

3

Eleva tus parámetros... amplía tus límites

Los países continentales tienen fronteras, en ocasiones estas fronteras son solo una línea fina, un simple aviso o una valla anunciando la entrada a otro país con reglas y leyes totalmente diferentes del que venías. En algunos hay más libertades, en otros hay más represión, las mismas cosas que haces en un lugar y son bien vistas, en el otro país pueden costarte la vida.

Coloca límites sanos

En el ser humano podemos ver situaciones similares acorde a la forma en que pensamos y actuamos, lo que es ofensivo para unos, es motivo de risa para otros, según la cultura, educación, religión, etc. Para ello establecemos en nuestra mente parámetros y límites como las fronteras de los países y estos van a afectar la forma en que respondemos y actuamos en diferentes situaciones.

- ¿Conoces a personas que se enojan solo de mirarlos?
- ¿Conoces a personas que prácticamente hay que prender su cuerpo en llamas para que se pongan bravos o despierte en ellos la ira?
- ¿Dónde está la diferencia?
- ¿Por qué ante una misma situación unos reaccionan de una manera y otros de otra tan diferente?

Esto es por los parámetros y límites que ponen en sus mentes, su reacción se produce de una forma espontánea sin pensar, como si pudiéramos tocar un botón para producir el sentimiento.

Nota tu propio perfil

Usando el ejemplo anterior, la persona que se pone brava con tan solo mirarla tiene el parámetro preestablecido en su mente que <<si alguien me mira de cierta forma me voy a enojar>>, la otra persona tiene parámetros más amplios y dice dentro de sí: <<para sentirme enojado tienen que prender mi cuerpo en llamas>>. A este último no le importa si lo miras atravesado o le respondes con cierta rudeza, sus límites están más lejos. Ambos puede que actúen sin darse cuenta, pero están guiados por los parámetros y límites que ya establecieron.

¿Has estado manejando por un tiempo y has entrado en otra ciudad o municipio sin tan siquiera notarlo? Lo mismo nos sucede con nuestras actitudes y respuestas, ya las tenemos preconcebidas y entramos en ellas sin notarlo.

SUGERENCIAS PRÁCTICAS

Para que puedas hacer efectivo este punto, mira cada situación que te hace molestarte y airarte. Piensa cómo elevar los parámetros o ampliar tus límites para que esto no suceda más.

Este concepto aplica para muchas cosas en la vida y para la ira es una herramienta de gran valor, si la aprendes a usar y la practicas, será un aliado para salir de esta situación y harás tu vida y la de los que te rodean mucho más felices.

4

Sustituye la forma que actúas ante ciertos eventos

El proceso de sustitución es una herramienta efectiva cuando se trata de erradicar un hábito malo e implementar uno bueno. Los seres humanos somos criaturas de costumbres y tradiciones, todos tenemos (consciente o inconscientemente) métodos preestablecidos de cómo reaccionar ante ciertos eventos y hábitos que seguimos sin ponernos a analizar lo que hacemos.

A la hora de eliminar una mala costumbre nos es muy difícil dejar un espacio vacío o simplemente parar de hacerla totalmente de una vez. Si usamos el proceso de sustitución, se te hace más fácil pasar de una etapa a otra.

La sustitución y su aplicación

Para ilustrar este punto te comparto un ejemplo personal. Vivo en una ciudad de gran congestión vehicular donde una gran parte de la población tiene la costumbre de tocar el claxon sin necesidad de una forma indiscriminada.

Cada vez que salía a manejar y sentía que alguien me acciona su claxon sin una razón válida, explotaba dentro de mí una gran ira, en muchas ocasiones daba un manotazo en el asiento del pasajero o en la cabina del auto, además de mi boca salían frases nada agradables; hasta que un día, mi hija me llamó la atención de esta conducta y me di cuenta que lo que hacía no era nada sano, entonces traté de cambiarlo, pero inconscientemente caía en lo mismo. Cada vez que escuchaba un claxon dirigido a mí, actuaba de la misma forma, después me arrepentía, pedía perdón a Dios y oraba, pero la situación se repetía sin poder hacer mucho por superarla.

Esto sufrí por mucho tiempo, hasta que un día conocí de este método que te compartí y me di cuenta que mi reacción estaba condicionada por experiencias anteriores y que debía conscientemente sustituir las cosas que hacía por otras más sanas. Entonces empecé a repetirme a mí mismo que cada vez que me accionaran el claxon era algo divertido y que iba a sonreír siempre que lo escuchara.

Debo confesar, en honor a la verdad, que no fue una tarea fácil. Al principio no podía casi asomar los dientes para sonreír porque la ira me mataba, pero a través de la práctica, repetición y oración, llegó el momento en que pude superar ese aspecto y ahora cada vez que me accionan el claxon con motivo o sin él, de mis labios sale una sonrisa sincera y no hay presencia de ira en ese momento.

En este caso pude dejar la ira a una reacción específica a través del proceso de sustituirla por una sonrisa. Estos procesos pueden tomar tiempo y no te puedes frustrar por ello, tampoco lo debes hacer solo. Apóyate en Dios y verás los resultados.

SUGERENCIAS PRÁCTICAS

- Presta atención a las situaciones donde la ira está presente y se repite.
- Reconócela y busca una forma positiva de reaccionar ante ella.
- Sustituye la forma mala de reaccionar por una mejor.
- Persiste hasta que lo hagas de una forma automática.
- Cuando ya hayas vencido en esa situación específica entonces sigue alerta y aplica el mismo principio para otras situaciones que lo requieran.

5

Sé constante en lo que dices o haces

La falta de constancia en lo que decimos o hacemos, el no cumplir las promesas que hacemos a otros o nosotros mismos, crea una huella en nuestro carácter y en muchas ocasiones eso se refleja como irritabilidad cuando somos cuestionados por otros o simplemente no estamos satisfechos con nosotros mismos.

Elimina la auto defensa

Al crear compatibilidad entre lo que decimos y hacemos, al cumplir nuestras promesas estamos a bien con los demás y con nosotros mismos, eso hace que se refleje en nuestro carácter una sensación de satisfacción y paz, aleja los momentos de ira y elimina la auto defensa innecesaria.

SUGERENCIAS PRÁCTICAS

Haz de este versículo una realidad en tu vida:

<<Mejor es que no prometas y no que prometas y no cumplas.>> Eclesiastés 5:5

6

Presta atención a la acumulación de trabajo o estrés excesivo

Cuando tenemos estrés excesivo o estamos demasiados cargados de trabajo (puede ser la combinación de los dos), no reaccionamos de la misma manera ante los eventos; esto hace muchas veces que no tengamos la tolerancia acostumbrada y explotemos en ataques de ira que no son más que el reflejo de la carga que llevamos encima, en la mayoría de los casos, impuesta por falta de planificación del descanso adecuado.

Dios hizo el mundo en seis días y descansó uno. Él es Todopoderoso y si Él lo hizo, nosotros deberíamos hacer lo mismo.

SUGERENCIAS PRÁCTICAS

- Planifica tu día.
- Sigue un calendario.
- Toma vacaciones.

No podemos violar las leyes naturales establecidas por Dios. El trabajo es necesario y el descanso también. Aplícalo en la proporción adecuada.

7

Aprende a sacar la presión

Las ollas de presión que se utilizan en la cocina, todas vienen con una válvula de escape, esta válvula tiene la función de dejar escapar los gases cuando la presión acumulada dentro de la olla se eleva y esto hace que no explote.

Acumulaciones explosivas

Generalmente la ira no se aparece repentinamente, aunque eso es lo que notan las demás personas, pero la ira generalmente es un proceso acumulativo.

Cuando dejamos acumular situaciones que nos incomodan sin expresar nuestros puntos de vistas, esas van creando una presión interior que llega a un punto donde explota, a veces en el momento peor o sin ninguna razón aparente.

¿Te ha pasado algo así alguna vez?, ¿has pensado como poder evitarlo?

Debemos ser proactivos y tener un plan de acción antes de que los momentos que puedan causarnos ira lleguen.

1. Comunicación
En la práctica debemos establecer comunicación efectiva con nuestros familiares, amigos y compañeros de trabajo. No debemos dejar acumular presión dentro de nosotros solo debemos buscar el momento adecuado para hablar.

2. Discreción
Ser discretos cuando nos ofendemos.

<<*La discreción del hombre le hace lento para la ira, y su gloria es pasar por alto una ofensa.*>> Proverbios 1:11

3. Oración
Otra forma de sacarnos presión es orar. En la oración, cuando hablamos con Dios, Él siempre nos entiende y comprende, y esto alivia nuestras penas, preocupaciones y frustraciones.

SUGERENCIAS PRÁCTICAS

Cuando veas que una situación te incomoda o te da ira, trata de no expresarla en ese momento porque podría ser peor, mas no la dejes acumular. Busca un momento donde estés más calmado y puedas hablar con esa persona y ventilar lo que te molesta.

Haz siempre una oración primero para que sea el poder transformador de Dios quien te dirija en todo.

8

Botones detonadores

En medicina, la acupuntura es una práctica conocida, hay puntos en nuestro cuerpo que envían señales a otras áreas del cuerpo a través de los nervios. En la computadora existen teclas con diferentes funciones que solo de tocarlas pueden borrar todo o hacer aparecer diferentes cosas. Para la activación de un bomba hay solo que tocar un botón o varios botones al mismo tiempo.

Hay áreas o aspectos en nuestra vida que muchas veces nos incomoda oír hablar de ellos, o heridas que llevamos por dentro, que cuando alguien las toca nos sentimos lastimados. Cada vez que alguien toca esos temas (botones) nos irrita y explotamos como una bomba.

Identifícalos

¿Has identificado cuáles son esos botones que te hacen explotar?

Presta atención a las situaciones en las cuales te pasa repetidamente que te enojas. Busca las frases que realmente te molestan y que quizás tu cónyuge, hijos o jefe te dicen. Trabaja en ellas, sustituye el significado, aprende de ellas para que no se repita más.

Recuerda, muchos equipos electrónicos hoy en día son dominados por un control remoto: no le prestes tu control a nadie, mantén tú ese control, el dominio propio es un espíritu que Dios da.

SUGERENCIAS PRÁCTICAS

- Cuando ya decidiste cambiar alguna actitud, debes estar alerta a ella. Pregúntate, ¿por qué pasa?, ¿cuándo?, ¿con quién o qué situación?

- Una vez identificado, entonces presta atención y prepárate con respuestas positivas que, al aprenderlas de memoria, salgan de tu boca automáticamente y desarmen a aquel que trata de controlarte.

- Recuerda, el dominio propio lo da Dios y el poder transformador lo usará en la medida que se lo permitas.

9

Reacción o respuesta

Cuando estamos enfermos y vamos al doctor, en ocasiones, dependiendo de la enfermedad, nos ponen un plan de medicamentos y usualmente el médico hace una cita para ver nuestra evolución. Si nos dice que el medicamento ha hecho una reacción significa algo negativo, no nos está yendo bien, pero si nos dice el cuerpo está respondiendo a los medicamentos significa está habiendo progreso, es algo positivo.

En nuestras conversaciones, nosotros podemos *reaccionar* (negativo) o *responder* (positivo).

Cuando reaccionamos no damos tiempo a procesar la información. Es más, muchas veces no escuchamos bien, interrumpimos o ya tenemos preparada la respuesta, no escuchamos con la intensión de entender la otra parte: Para responder debemos primero escuchar, hacer una pausa entre el estímulo (lo que nos están diciendo) y la respuesta. Esta pausa es clave porque nos permite pensar por un momento antes de responder y no simplemente reaccionar.

SUGERENCIAS PRÁCTICAS

En toda conversación, date un espacio de tiempo antes de responder (cuenta hasta diez en silencio). Esta pausa te dará un margen de tiempo para pensar qué vas a decir y no reaccionar negativamente.

Busca un mecanismo similar que te ayude. Lo importante es que entre la acción y la reacción hagas una pausa, pienses y luego actúes.

10

Compromiso

Comprometerse con sacar de nuestras vidas un hábito o conducta negativo significa cortar de raíz, no dar espacio para la justificación o culpar a alguien significa admitir la responsabilidad.

Qué es responsabilidad

La palabra <<responsabilidad>> indica dos cosas: tenemos la habilidad y podemos escoger la respuesta. Teniendo esto en mente nos hace estar claro que somos responsables de nuestros actos. El dominio propio es una virtud a cultivar y ésta no depende de la situación, de cómo nos hayan tratado, de si es justo o injusto.

Una vez que lo reconoces, tiene que haber un compromiso, algo que te dé una medida de lo que están haciendo, esto no significa que no vayas a fallar, sino te da una medida para ver si estás mejorando o no, te dice si estás cumpliendo o no, te recuerda y te dice: <<te comprometiste, ahora cumple>>

Llamados a crecer

Cuando uno no está comprometido, es lo mismo fallar que dar en el blanco. El compromiso es una medida de crecimiento y el más alto compromiso es el que hacemos con Dios, nosotros solos con Él. Él nos conoce por fuera y por dentro, no podemos escondernos o engañarlo, hay que cumplir cuando nos comprometemos y si fallamos Él es justo y fiel para perdonarnos.

SUGERENCIAS PRÁCTICAS

Empieza hoy con un compromiso de no ofender a tus familiares. Si fallas, arrepiéntete, pide perdón a la persona amada y a Dios. Aprende el porqué te pasó, no culpes a nadie más que a ti, pero no olvides lo siguiente:

· Perdónate a ti mismo, aunque tu familiar no te haya perdonado, ya Dios te perdonó si te arrepentiste de una forma sincera.

· Aprende de tus errores y busca formas para no hacerlo más.

· Mantén ese asunto en oración.

Todo esto trabaja a la perfección, te lo digo porque en mi experiencia propia me ha funcionado.

11

Sonríe

Hemos sabido que la capacidad de reír es útil para aquellos que se enfrentan a enfermedades graves y el estrés de los problemas de la vida. Pero algunos estudios ahora están diciendo que la risa puede hacer mucho más básicamente puede traer equilibrio a todos los componentes del sistema inmunológico.

La risa reduce los niveles de ciertas hormonas del estrés. Al hacer esto, la risa funciona como una válvula de seguridad que cierra el flujo de las hormonas del estrés que se mueven en acción en nuestros cuerpos cuando experimentamos el estrés y la ira. En otras palabras es prácticamente imposible reír e irritarse al mismo tiempo además esto nos dice que la risa puede cortar el flujo de hormonas que permiten la irritabilidad.

SUGERENCIAS PRÁCTICAS

Cuando te sientas que algo que te han dicho o hecho te irrita simplemente sonríe, ponle un significado a tu sonrisa, dite a ti mismo la vida es muy corta para estar mal humorado o con ira... sonríe.

12

Cambia la tonalidad de la voz

Cuando alguien nos grita, lo peor que podemos hacer es gritar también, porque dos personas gritando no se entienden. Si alguien te grita por alguna razón o intenta verbalmente ofenderte, deja que esa persona de desahogue. Es muy difícil que alguien pueda mantener seguidamente una pelea verbal solo por más de dos minutos. Tú sólo escucha con atención para poder entender por qué esa persona se siente así.

Cuando ya se haya callado, responde o pregunta en voz baja. Hay un proverbio bíblico que dice: <<La blanda respuesta aplaca la ira>>. No caigas en la trampa, no pierdas control, pon en tu mente que una buena respuesta es un mensaje de amor y contra el amor no hay fuerza que pueda.

SUGERENCIAS PRÁCTICAS

Usa siempre el tono de voz más bajo que puedas cuando vas a responder a alguien que te parece te está molestando, eso te dará sensación de calma no solo a ti sino también a la otra persona.

13

Evita las discusiones

Por lo general, uno sabe cómo comenzaron las discusiones, mas nunca se sabe cómo terminan.

¿Te ha pasado alguna vez que has aceptado una discusión por algo y después a terminado en algo más malo o ofendiendo a la otra persona y arrepintiéndote de lo que has dicho en el calor de la discusión?

¿Crees en verdad que discutir es la mejor forma para resolver una diferencia? ¿Sabías que cuando <<ganas>> una discusión dejas un mal sabor en la otra persona?

Te voy a dejar con esta expresión que leí en el libro *Cómo ganar amigos e influenciar personas* de Dale Carnegie y dice así:

<<He llegado a la conclusión de que solo hay un camino bajo el cielo para obtener lo mejor de una discusión, y eso es evitándola. Evitándola como evitarías las serpientes de cascabel y los terremotos.>>

SUGERENCIAS PRÁCTICAS

Evita las discusiones por completo, no caigas en ellas, es mejor estar en paz que tener razón porque cuando abandonas esa paz vienen consecuencias terribles.

Copia e imprime esta frase donde la puedas ver todos los días de tu vida.

<<*He llegado a la conclusión de que solo hay un camino bajo el cielo para obtener lo mejor de una discusión, y eso es evitándola. Evitándola como evitarías las serpientes de cascabel y los terremotos.*>> - **Dale Carnegie**

A modo de conclusión diremos

Para evitar la ira, el poder transformador usa el dominio propio…, este es el antídoto para la ira. El dominio propio es un espíritu, las Escrituras dicen:

<<Porque no nos ha dado Dios espíritu de cobardía sino de poder, de amor y de dominio propio.>>

Cuando en nosotros actúa el poder transformador y le permitimos usar más el dominio propio, la ira va desapareciendo.

Para usar de una manera efectiva el dominio propio ten presente esto:

- **Primero:** Reconocer nuestras malas actitudes siempre es el primer paso.

- **Segundo:** Hay que arrepentirse y no justificar esas acciones con nada.

- **Tercero:** Debe haber un compromiso de erradicarlas.

- **Cuarto:** Buscar herramientas y mecanismos que nos ayuden a salir de esa situación.

- **Quinto:** Debemos rendirlo a Dios y dejar que el poder transformador que Él ha puesto en nosotros nos ayude en esta tarea.

Tienes aquí algunas herramientas y sugerencias. Quizás intelectualmente hayas entendido, pero esto no es suficiente porque la ira es espiritual y las cosas espirituales no se resuelven con el intelecto, se resuelven a través del espíritu.

Dicen las Escrituras que <<el Espíritu de Dios da testimonio de nuestro espíritu>>, en otras palabras, si pones en ti el poder transformador podrás entender las cosas espirituales y podrás corregir tus actitudes a través de Él.

Lee de nuevo el primer capítulo, busca entregarte por completo y rinde tus emociones al poder transformador de Dios. Verás que la ira será un tema del pasado.

Epílogo

Entiéndase que los seres humanos están creados por Dios y que como en los gobiernos, escuelas, centros de trabajo hay leyes, también existen leyes espirituales que gobiernan nuestras vidas las cuales fueron hechas y creadas por Dios a su manera. El conocer el modo que operan estas leyes y practicarlas en nuestras vidas va a determinar el tipo de vida que vivimos.

Estos conceptos son tan simples que a veces se nos hace difícil creerlos y es solo a través de la práctica en fe que podemos lograr el fruto que produce el poder transformador. El fruto es un resultado, el provecho, la utilidad, es un beneficio. En las plantas, el fruto es el que contiene las semillas, estas semillas pueden engendrar nuevas plantas que den mucho más frutos a través de la vida de esa planta. En este proceso, para que nazca una planta, la semilla tiene que secarse, es decir morir. Para que nazca en ti una nueva manera de vivir, tienes que hacer morir la forma vieja en que actúas y piensas dejando trabajar el poder transformador que es el que produce nuevos y abundantes frutos.

Al dejar atrás la depresión tendrás más ánimo para actuar y hacer nuevas cosas. Al dejar atrás la ansiedad tendrás más tranquilidad y paz esto se manifiesta en las cosas que haces. Al dejar la ira tendrás mejores relaciones con los demás y esto traerá nuevos negocios, nuevas relaciones, mejor aceptación por los demás; es decir, los frutos son muchos, así como los que produce una planta nueva.

Los frutos del Espíritu se producirán y manifestarán en la vida del que le da lugar, escucha, obedece y se relaciona con el poder transformador. Cuando él actúa sobre y en nosotros, producirá un fruto, un resultado y el fruto es que las obras que nosotros hacíamos basados en el miedo y la falta de control dejen de manifestarse; ahora lo que tiene lugar es el fruto del amor, porque le hemos dado lugar al poder transformador.

Nuestra guía

Podríamos, a través de este libro, dar sugerencias prácticas para ser utilizadas para salir de otros muchos problemas como los vicios de alcohol y drogas o como erradicar de nosotros el odio, la mentira, etc. Dios nos dejó un manual el cual podemos seguir y cada vez que tengamos una pregunta acerca de algo o un área oscura en nuestra vida, buscando en este manual podemos hallar la guía para hacerlo bien desde el principio, esa guía es la Biblia, en ella encontrarás las Palabras de Dios que hablarán directo a tu vida, sin necesidad de ir a través de una tercera persona (pastor, cura, padrino, sacerdote, etc.). Tampoco necesitamos de amuletos, santos, estatuas de cera, oro o bronce, no necesitas portar contigo estatuillas o material alguno como polvo, flores, alcohol, etc.

No necesitas de imágenes porque Dios es espíritu. A través de la Palabra de Dios podrás dejar atrás malos hábitos, influencias dañinas en tu vida, la ansiedad la depresión, la ira, el miedo serán parte del pasado ya no vivirán más en ti.

El propósito de este libro es darte a entender que hay una manera correcta de hacer las cosas, que entiendas que todo empieza poniendo dentro de ti el poder transformador (el Espíritu Santo de Dios), Él te puede guiar a todo bien, Él puede despertar dentro de ti el deseo de ser mejor y darte una vida llena de paz y amor, Él también te guiará en cada situación a tomar la decisión correcta y que puedas dejar un ejemplo, un legado a las demás generaciones sin añadir tristeza con tus acciones.

Cristo dijo:
<<*Si vosotros permaneciereis en mi palabra, seréis verdaderamente mis discípulos; y conoceréis la verdad, y la verdad os hará libres.*>>

Hermanos, las cosas lógicas se prueban con lógica: fórmulas matemáticas, ecuaciones, algoritmos, etc.

Las cosas espirituales se prueban experimentándolas, poniéndolas en práctica: viviéndolas.

¿Estás realmente conforme y a gusto con tu vida?

Si tu respuesta es <<SÍ>>, continúa lo que estás haciendo. Si tu respuesta es <<NO>>, entonces experimenta de Cristo, pon en práctica sus enseñanzas, vívelas. Solo así podrás saber la diferencia, esto es, viviéndolas.

No trates de encontrar lógica en las cosas de Dios, solo practícalas, vívelas y así sabrás la diferencia.

Esa es la verdad que Cristo habla y esa verdad te hará libre. Comienza hoy a aplicarla, no esperes a mañana. La vida es corta y el tiempo hay que aprovecharlo.

¿A quién conoces que podría aprovechar las cosas escritas en este libro? Pásale la voz, regálale una copia, juntos podemos hacer la diferencia.

José Valiente

ACERCA DEL AUTOR

José Valiente nació en Cuba, es graduado de ingeniería mecánica de la Universidad de Cienfuegos en Cuba, en la especialidad de transporte automotor. Llegó a los Estados Unidos en 1999 donde ejerció múltiples oficios. Desde el 2005 labora como agente de bienes raíces y desde entonces trabaja en lo que le apasiona y donde puede servir a otros. En la actualidad, José tiene su propia compañía de bienes raíces en Miami Lakes, Florida. Está felizmente casado y tiene una hija.

Para más información visita:
www.JoseValiente.com

www.ingramcontent.com/pod-product-compliance
Lightning Source LLC
LaVergne TN
LVHW051459070426
835507LV00022B/2844